怀旧营销：理论与实践

庞 隽 著

国家自然科学基金面上项目：怀旧消费的诱因、影响机制和后效（项目号：72072179）资助

科 学 出 版 社

北 京

内 容 简 介

怀旧营销作为一种情感营销策略日渐盛行，在娱乐、服饰、食品、汽车、日化等多个行业中频繁出现。一些企业借助怀旧营销获得巨大的市场成功，甚至让沉寂已久的老品牌重获新生，但也有一些企业的怀旧营销并未获得预期的市场反应。因此，了解怀旧消费的诱因和心理机制具有重要的理论价值和现实意义。本书基于作者近十年在怀旧营销领域的主要研究成果，提炼出压力感、孤独感、权力感、时间感和身份冲突感五个主要的怀旧消费诱因，并基于补偿性消费的相关理论搭建了一个系统和完整的包含怀旧消费的前因和机制的理论模型。内容上既有鲜活的企业案例，也有严谨的科学原理，通过理论联系实践，从消费者的视角探讨怀旧营销成败的原因。

本书的读者对象包括市场营销方向的科研工作者、高校教师和学生，以及企业营销管理者和管理咨询、广告、媒体、公关等专业服务企业的从业者。

图书在版编目（CIP）数据

怀旧营销：理论与实践 / 庞隽著. —北京：科学出版社，2024.2
ISBN 978-7-03-075425-7

Ⅰ. ①怀⋯ Ⅱ. ①庞⋯ Ⅲ. ①营销模式-研究 Ⅳ. ①F713.50

中国版本图书馆CIP数据核字（2023）第071135号

责任编辑：陶　璇／责任校对：姜丽策
责任印制：赵　博／封面设计：无极书装

科学出版社 出版
北京东黄城根北街16号
邮政编码：100717
http://www.sciencep.com

北京华宇信诺印刷有限公司印刷
科学出版社发行　各地新华书店经销

*

2024年2月第 一 版　开本：720×1000　1/16
2024年9月第二次印刷　印张：8 1/2
字数：160 000
定价：96.00元
（如有印装质量问题，我社负责调换）

前　　言

不知道还有哪个时代，消费者会像今天这样善于怀旧。这种细腻而复杂的情感像流行文化一样迅速蔓延，不分年龄、性别和国家。为了呼应消费者的这种情感需求，怀旧营销应运而生。怀旧营销是指企业在营销活动中给予消费者一定的怀旧元素刺激，激发消费者的怀旧情怀，以此来引发购买意愿。作为一种情感营销策略，怀旧营销近几年日渐盛行，在娱乐、餐饮、服饰、食品、汽车、日化等多个行业中频繁出现。一些企业借助怀旧营销获得巨大的市场成功，甚至让沉寂已久的老品牌重获新生，譬如回力、百雀羚、健力宝等。但也有企业的怀旧营销并未获得预期的市场反应。怀旧热潮的兴起及其引发的怀旧营销的盛行产生了一系列有趣的研究问题：消费者为什么喜欢怀旧产品？哪些因素会诱发怀旧消费？怀旧营销究竟只是一个促销的噱头，还是一把可以给消费者带来福利的情感利器？哪些因素会影响怀旧营销的效果？

与业界对怀旧营销的热衷相比，学界对怀旧营销的关注略显不足，尤其是对怀旧消费诱因的探讨十分有限。研究发现，消费者的消极心理体验，如社会排斥、不安全感、压力、权力的缺失及自我真实性威胁等会导致消费者更加偏好怀旧产品。这些诱因与怀旧的心理功能有关。通过怀念过去的人或事，人们可以感受积极情绪，提升自尊和自我评价，增强社会联结感，提高自我连续性感知以及重拾生命的意义。怀旧的积极心理功能使怀旧消费成为人们对抗自我威胁的精神武器。基于心理学的理论基础，笔者通过一系列行为实验识别出新的怀旧消费的心理诱因（如压力、社会身份冲突等），并把诱因从个体的心理体验拓展到不易察觉的物理环境因素（如时间）。本书囊括了最新的研究成果，有助于业界和学界更加全面地了解怀旧消费发生时的情境特征，搭建预测性更好的怀旧消费行为模型。此外，本书整合现有文献中对怀旧消费心理机制的各种解释机制，从补偿消费的视角搭建更加系统全面的理论模型。补偿性消费指消费者通过某些特定的消费行为来弥补由于需求未获得满足或者自我受到威胁而造成的自我差异感。Mandel等学者总结了五种消费者应对自我差异感的策略，包括直接解决策略、象征性自我完成策略、主动分离策略、逃避策略和流动补偿策略。现有关于怀旧消费的研究主要将怀旧消费视为一种象征性自我完成策略，即消费者通过回忆自己在产生自我差异的维度上曾经表现出的象征性优势来减少自我差异感。至今为止还没有研究探索过怀旧消费作为其他补偿机制应对自我差异的可能性。本书将怀旧消费的补偿机制从象征性补偿拓展到其他类型的补偿（如直接补偿和流动补偿），并考察怀旧消费的后效以及消费者在面对多种补偿消费策略时的选择。这有助于我们更加系统地理解怀旧消费通过何种机制补偿消费者的自我差异感以及它的实际补偿效果。

从现实意义看，本书将从以下几个方面为企业的怀旧营销提供实践指导。首先，帮助企业决定是否采用怀旧营销。尽管怀旧消费的热潮仍在持续发酵，但是企业不能盲目跟风。全面了解怀旧消费群体的心理特征有助于企业根据自身产品的特性、定位和目标顾客更加理性地评估怀旧营销对本企业的适用性和有效性，并据此做出合理的管理决策。其次，有效识别怀旧营销的目标顾客和最佳时机。现有研究所识别的怀旧消费的诱因与消费者的个体心理状态直接相关，对营销管理者而言不易观察或控制，因此难以成为他们的决策变量。通过讨论物理环境因素对怀旧消费的影响，本书的发现有助于企业在制定怀旧营销策略时更加精准地识别目标顾客，并寻找最佳时机实施方案。最后，本书有助于企业管理者优化怀旧营销方案，通过在营销沟通中激活或者强化这些驱动因素来增强消费者对怀旧营销活动的反应，提升营销效果。

目　　录

第一章　绪论 ……………………………………………………………… 1
　　第一节　怀旧定义的演变 …………………………………………… 1
　　第二节　怀旧的分类 ………………………………………………… 2
　　第三节　怀旧的心理价值 …………………………………………… 3
　　参考文献 ……………………………………………………………… 6
第二章　怀旧营销：现象与效果 ………………………………………… 10
　　第一节　怀旧产品 …………………………………………………… 10
　　第二节　怀旧品牌 …………………………………………………… 14
　　第三节　怀旧广告 …………………………………………………… 21
第三章　怀旧营销成败的影响因素——压力感 ………………………… 26
　　第一节　压力与应对机制 …………………………………………… 27
　　第二节　压力激发怀旧消费的心理机制 …………………………… 29
　　第三节　压力与怀旧消费的关系分析 ……………………………… 30
　　第四节　发现怀旧消费的情绪价值 ………………………………… 36
　　参考文献 ……………………………………………………………… 38
第四章　怀旧营销成败的影响因素——孤独感 ………………………… 42
　　第一节　孤独与应对机制 …………………………………………… 43
　　第二节　孤独激发怀旧消费的心理机制 …………………………… 44
　　第三节　孤独与怀旧消费的关系分析 ……………………………… 46
　　第四节　设计怀旧营销的传播内容 ………………………………… 56
　　参考文献 ……………………………………………………………… 58
第五章　怀旧营销成败的影响因素——权力感 ………………………… 62
　　第一节　权力与消费行为 …………………………………………… 63
　　第二节　低权力感激发怀旧消费的心理机制 ……………………… 64
　　第三节　低权力感与怀旧消费的关系分析 ………………………… 66

第四节　寻找怀旧营销的最佳场景 …………………………… 71
　　参考文献 ………………………………………………………… 73
第六章　怀旧营销成败的影响因素——时间感 …………………… 77
　　第一节　时间与消费行为 ………………………………………… 78
　　第二节　末端时间激发怀旧消费的心理机制 …………………… 83
　　第三节　末端时间与怀旧消费的关系分析 ……………………… 87
　　第四节　寻找怀旧营销的最佳时机 …………………………… 101
　　参考文献 ………………………………………………………… 103
第七章　怀旧营销成败的影响因素——身份冲突感 ……………… 107
　　第一节　社会身份与消费行为 ………………………………… 108
　　第二节　身份冲突激发怀旧消费的心理机制 ………………… 110
　　第三节　身份冲突与怀旧消费的关系分析 …………………… 113
　　第四节　精准定位怀旧营销的目标顾客 ……………………… 121
　　参考文献 ………………………………………………………… 123
附录 ……………………………………………………………………… 128
后记 ……………………………………………………………………… 130

第一章 绪 论

第一节 怀旧定义的演变

17世纪时，瑞士的一名医生Johaness Hofer创造了怀旧（nostalgia）一词。怀旧是一个复合词，起源于两个希腊单词，其中"nostos"意为返回，"algos"意为痛苦。因此，怀旧本身的含义是渴望返回家乡而引起的痛苦。一开始，Hofer通过观察离家的瑞士军人病态的生理和心理状态，认定怀旧是一种神经疾病，病症表现为哭泣、焦虑、晕厥、厌食和失眠等（Sedikides et al., 2004）。19世纪时，医生将怀旧诊断为由思乡引起的生理疾病，特别是那些背井离乡作战的军人常常被当作典型病例进行研究。20世纪初，怀旧被当作一种精神疾病（Kaplan, 1987），主要产生于对远方的故土的强烈思念（Frost, 1938）。直到20世纪末，学者们才把怀旧和思乡病当作两个概念对待，认为怀旧是个体对过去的一种渴望（Davis, 1979）。Belk（1990）将怀旧定义为可以被某个触发因素（如物件、场景、气味或音乐）唤起的一种渴望的情绪。Holak和Havlena（1998）认为，怀旧是一种融合了积极和消极情绪的复杂体验，其中积极情绪包括温暖、快乐、爱意、感恩，而消极情绪包括悲伤、失落、痛苦。Schindler和Holbrook（2003）则认为，怀旧是一种对年轻时期（如幼年、童年、青年时期，甚至是出生之前）常常出现事物（如人、地点、物品）的偏爱，强调了对这些事物的偏好而非情感体验。现在，怀旧被当作一种积极的情绪，并且各个年龄段的个体都存在着怀旧体验（Sedikides et al., 2004）。

目前学术界对怀旧的定义有两类。第一类从那些可以帮助个体激发出怀旧情绪的事物出发，认为怀旧是对过去事物的一种偏好。其中，过去可以是个体的青年时期、孩童时期甚至出生前，事物可以是人物、地方或者东西，偏好则表现为更喜欢、正面的态度和积极的情感（Schindler and Holbrook,

2003）。第二类着重强调了怀旧的个人体验和引发的后果，认为怀旧是回忆过去而产生的一种情绪（Lasaleta et al., 2014）。在这里，我们采用怀旧的第一类定义。

由上可知，怀旧的概念和内涵经历了长期的演变过程，从最初被视为由思乡引发的生理和心理疾病，到普遍意义上的个体对过去的一种渴望和怀念。学者对怀旧的关注也从心理学领域拓展至营销研究领域。聚焦于营销研究，我们认为怀旧的内涵可以从两个角度加以阐释，即怀旧情感与怀旧元素。怀旧情感指的是消费者产生的对过去事物的渴望与向往，而怀旧元素是指营销沟通中有助于诱发消费者怀旧情绪的品牌、产品、包装、设计等元素。

第二节　怀旧的分类

根据怀旧的不同特征，现有研究将怀旧划分为不同的类型。根据怀旧内容的不同，可以分为个人怀旧和历史怀旧（Stern, 1992）。具体来说，个人怀旧是指个体对曾经经历的事情的回忆，这种回忆是个体带上"玫瑰色眼镜"后看到的美化后的记忆，如回忆学生生活时只记得那些美好温暖的事情；历史怀旧是指一种渴望回到过去的情绪，这里的过去有可能是个体出生前的年代，个体虽然没有亲身经历，却认为过去比现在更好。这两种怀旧情绪具有不同的应用载体。

与此相似的，Baker和Kennedy（1994）认为怀旧可以分为真实怀旧、模拟怀旧和集体怀旧。真实怀旧是指个体对自己真实经历过的事物在情感上的渴望。例如，一个人听到高中时期的歌曲时产生的对高中时代的怀念。模拟怀旧是个体对非直接的过去经历在情感上的渴望。例如，听长辈讲其小时候的故事而产生的向往之情就是一种模拟怀旧。集体怀旧则是对一个文化、国家、年代的过去在情感上的渴望。集体怀旧从集体层面而非个人层面出发，强调专属于一代人的集体记忆，如北京申奥成功、抗击SARS等集体事件。在此基础上，Holak和Havlena（1998）基于个人/集体、直接/间接两个维度，将怀旧细分为个人怀旧、文化怀旧、人际怀旧和虚拟怀旧四种。其中，个人怀旧是个体层面的直接经历（如小时候老家的美食），文化怀旧是集体层面的直接经历（如看春晚小品），人际怀旧是个体层面的间接经历（如父母回忆他们的青春岁月），虚拟怀旧是集体层面的间接经历（如大唐盛世的繁华）。

另外，根据怀旧时间点的不同，可以分为怀旧与预期怀旧。一般意义上的怀旧是个体对已经过去事物的渴望,而预期怀旧则是发生在体验结束之前。预期怀旧是Batcho和Shikh在2016年首次提出的概念,是指个体所预期到的在未来对现在正在经历的情感体验的怀念。预期怀旧源于个体对现有经历的积极评价。Cheung等(2020)研究发现,对于大学生来说,他们对校园生活的预期怀旧水平越高,越会珍惜现在的宝贵经历,从而进一步提升自尊水平、社会联结感及意义感。然而,这种预期怀旧也可能带来一些负面影响。Batcho(2020)发现,预期怀旧会引发人们的悲伤和担忧情绪,导致无法专注当下体验。另外,有学者提出,预期怀旧对于当前体验的影响取决于体验的效价,即对于积极体验,预期怀旧会引发焦虑情绪而导致享受水平降低,而对于消极体验,预期怀旧反而会缓解焦虑、提升享受水平(Zhou et al., 2020)。

第三节 怀旧的心理价值

尽管怀旧是一种"苦乐交织"的情绪体验,但是目前普遍认为怀旧的总体基调是偏积极的,并且可以为个体提供独特的心理资源,具有重要的心理功能。心理学界的相关研究大多发现一些负面的、消极的刺激及场景可以激发个体的怀旧情绪,包括与自身相关的威胁和消极的情绪等。例如,有研究者发现,当个体启动了对死亡的认识(awareness of death)(Juhl et al., 2010)以及他们认识到存在具有威胁(existential threat)的时候(Routledge et al., 2008),个体会产生更多的怀旧情绪。除此之外,其他与个体相关的威胁,如自我的不连续性(self-discontinuity),比如说生活中发生了重大的变故,出于事业上的原因必须要搬去另外一个城市等,都会让个体产生怀旧情绪。除了与自身相关的威胁之外,一般意义上消极的情绪也会让个体产生怀旧情绪。例如,在探索怀旧的经典文章《怀旧:内涵,启动,功能》(*Nostalgia: content, triggers, functions*)(Wildschut et al., 2006)中,研究者们发现,消极情绪可以让个体产生怀旧情绪。在这篇文章中,他们探讨的是一般意义上的消极情绪。基于这篇文章的研究结果,也有很多学者着眼于具体的消极情绪,探索哪些具体的消极情绪可以帮助个体更加怀旧。例如,Zhou等(2008)发现当个体感觉孤独的时候,他们会更加怀旧。van Tilburg等(2013)发现当个体感觉无聊的时候,他们也会更加怀旧。

消极的刺激与场景能够激发怀旧的情绪,是由于怀旧可以帮助个体去对抗、减弱或者消除这些消极的刺激与状态。心理学界的学者普遍认为怀旧具有提升社会联结感、提升自我认知与自尊水平、提升生命意义感、提升自我连续性及提升积极情绪五种主要的心理功能。下面，我们将从五个方面对怀旧的心理功能进行具体阐释。

第一，怀旧可以提升社会联结感。怀旧是一种具有社会属性的情感体验，怀旧的内容离不开个体与其他人的互动。Wildschut等（2006）在研究中发现，相比于控制组，怀旧组的被试会联想起更多关于"被爱"和"被保护"的经历。当人们回忆过去时，会更多地联想到与家人、朋友在一起的美好时光，从而感觉到自己是被其他人接纳和认可的，提升了社会支持与联结感。怀旧所提供的这种社会联结感会进一步缓解孤独。中国学者周欣悦等在2008年发表的一项研究中，分别对广州流动儿童、上海在校大学生和东莞农民工进行了实验调研，结果发现怀旧提供的社会联结感知能够有效缓解异乡的孤独感（Zhou et al., 2008）。同样地，这种社会联结感也能够提供生命意义感（Routledge et al., 2011）、提升外群体信任并降低群体间偏见（Turner et al., 2012）、提升促进动机（Stephan et al., 2014）、提升幸福感（Sedikides et al., 2015），甚至可以促进个体向外寻求帮助的行为倾向（Juhl et al., 2021）。

第二，怀旧可以提升自我认知与自尊水平。怀旧是一种自我相关的情感体验，大部分的怀旧都是以自我视角展开的回忆。Wildschut等（2006）在研究中发现，当引导被试怀旧时，他们更倾向于回忆与自我相关的积极事件，如"穿上裙子打扮得像一个公主""第一次取得奖励"。对这些积极事件的回忆可以提升个体的自尊水平，改善自我评价。另外，怀旧也可以通过社会联结来提升自我评价（Cheung et al., 2013）。在回忆过去时，人们会更多地回想起过去家人、朋友、师长对自己的鼓励与支持，对自己美好品质的肯定，从而有利于增强自信，提升自尊水平。怀旧对自尊的提升作用可以进一步提升对积极自我特质的认同及降低自利性偏见（Vess et al., 2012）、提升乐观水平（Cheung et al., 2013）、提升自我成长行为倾向（Baldwin and Landau, 2014）、促发灵感（Stephan et al., 2015）。

第三，怀旧可以提升生命意义感。怀旧所引发的社会联结感与自我积极评价会让人们感知到生活的价值和希望，提升生命意义感，缓解存在感焦虑。2011年，北达科他州立大学的Routledge等对怀旧和意义感的关系进行了深度探讨与实验。他们发现相比于控制组，听完怀旧音乐或阅读完与怀旧内容相关文字的被试，表现出了更高的生命意义感，能够更有效地应对人生意义感的威胁，认为"人生值得"。同时，他们也对被试进行了公众演讲和心算实验，从而测试怀旧组和控制组被试的压力变化，结果表明怀旧还能够应对意义感缺失带来的压力，提高生活幸福度（Routledge et al., 2011）。在面对死亡威胁时，怀旧倾向性较高的人也能够表现出更少的与死亡相关的想法并能够保持较高的生命意义感（Routledge et al., 2008）。基于意义感的提升，怀旧可以帮助人们有效应对死亡焦虑（Juhl et al., 2010）、缓解无聊情绪（van Tilburg et al., 2013）、减轻幻灭感（Maher et al., 2021），在行动上提升对重要目标的追求动力（Sedikides et al., 2018）。

第四，怀旧可以提升自我连续性。自我连续性指的是个体所感知到的自我在时间维度上的连续性与一致性（Sedikides et al., 2016）。怀旧可以提升自我连续性是因为：首先，怀旧从本质上讲是对过去的回忆和追溯，因此当个体怀旧时，会回想起过去的自己，从而强化过去自己和现在自己的联结感，提升自我连续性感知。其次，怀旧通过提升个体的社会联结感提升自我连续性感知。怀旧会使人们感受到与社会上其他人的良好互动，强化自己与其他人的联结，感受到自己是社会中不可或缺的一分子，从社会存在的角度去理解和认知自己，提升连续性感知（van Tilburg et al., 2019）。怀旧所带来的自我连续性的提升可以帮助人们应对由于工作地点变化所引发的不适感并帮助其重建新身份（Milligan, 2003）、提升个体幸福（Sedikides et al., 2016）、帮助归国人员实现积极的心理调整和适应（Zou et al., 2018）。以往这些研究几乎都是聚焦于过去—现在的自我连续性。广义的自我连续性还考虑了与未来自我的联结。在最近的研究中，学者Emily K. Hong等关注了整体自我连续性，即个体过去、现在、未来自我之间的联结感，他们通过对比怀旧事件回忆组与普通事件回忆组被试在整体性思维方式（Hong et al., 2021）、叙事性（Hong et al., 2022）及整体自我连续性方面的量表得分，发现具有怀旧特质或回忆怀旧事件后的被试，会更倾向于认为"宇宙万物相连""自己的生活富有故事性"，从而具有更高的整体自我连续性。

第五，怀旧可以提升积极情绪。以往研究表明，怀旧是一种复杂的情感体验，会同时引发积极与消极两种情绪（Holak and Havlena, 1998）。一方面，怀旧源于对过去美好事物的渴望，因此会激发人们的温暖、高兴、爱意和感恩之情。另一方面，怀旧也反衬了当下生活的不如意，从而引发悲伤、失落之感。随后，有学者对怀旧的具体内容进行了深入剖析，发现怀旧是一种混合了幸福与失落情绪的体验（Hepper et al., 2012）。然而，怀旧引发的情绪体验也会有所侧重。Wildschut等（2006）的研究发现，当引导被试进行怀旧时，他们通常会回忆并写下过去相对积极的事件。目前，学界普遍认为，怀旧所引发的积极情绪要超过其带来的消极情绪（Leunissen et al., 2021）。这种积极情绪可以帮助人们缓解自我真实性威胁，从而帮助人们更专注于做最真实的自己，减少对外界眼光的关注（Baldwin et al., 2015）。

除了上述五种怀旧的基本心理功能，怀旧也可以通过提升经验开放性提升创造力表现（van Tilburg et al., 2015）、通过帮助个体回溯过去从而提升年轻心态和健康行为倾向（Abeyta and Routledge, 2016）、提升共情力从而降低偏见表达（Cheung et al., 2017）和提升捐赠意愿（Juhl et al., 2020）。

总而言之，怀旧是一种偏积极的复杂情感，具有重要的心理功能，可以促进一系列的积极认知和行为表现，并帮助人们在面对威胁时缓解焦虑和压力，找回安全感、重塑积极心态。

参 考 文 献

Abeyta A A, Routledge C. 2016. Fountain of youth: the impact of nostalgia on youthfulness and implications for health[J]. Self and Identity, 15（3）: 356-369.

Baker S M, Kennedy P F. 1994. Death by nostalgia: a diagnosis of context-specific cases[J]. Advances in Consumer Research, 21（1）: 169-174.

Baldwin M, Biernat M, Landau M J. 2015. Remembering the real me: nostalgia offers a window to the intrinsic self[J]. Journal of Personality and Social Psychology, 108（1）: 128-147.

Baldwin M, Landau M J. 2014. Exploring nostalgia's influence on psychological growth[J]. Self and Identity, 13（2）: 162-177.

Batcho K I. 2020. When nostalgia tilts to sad: anticipatory and personal nostalgia[J]. Frontiers in Psychology, 11: 1-8.

Batcho K I, Shikh S. 2016. Anticipatory nostalgia: missing the present before it's gone[J]. Personality and Individual Differences, 98: 75-84.

Belk R W. 1990. The role of possessions in constructing and maintaining a sense of past[C]. ACR North American Advances.

Cheung W-Y, Hepper E G, Reid C A, et al. 2020. Anticipated nostalgia: looking forward to looking back[J]. Cognition and Emotion, 34（3）: 511-525.

Cheung W-Y, Sedikides C, Wildschut T. 2017. Nostalgia proneness and reduced prejudice[J]. Personality and Individual Differences, 109: 89-97.

Cheung W-Y, Wildschut T, Sedikides C, et al. 2013. Back to the future: nostalgia increases optimism[J]. Personality and Social Psychology Bulletin, 39 (11): 1484-1496.

Davis F. 1979. Yearning for Yesterday: A Sociology of Nostalgia[M]. New York: Free Press.

Frost I. 1938. Home-sickness and immigrant psychoses. Austrian and German domestic servants the basis of study[J]. Journal of Mental Science, 84 (352): 801-847.

Hepper E G, Ritchie T D, Sedikides C, et al. 2012. Odyssey's end: lay conceptions of nostalgia reflect its original Homeric meaning[J]. Emotion, 12 (1): 102-119.

Holak S L, Havlena W J. 1998. Feelings, fantasies, and memories: an examination of the emotional components of nostalgia[J]. Journal of Business Research, 42 (3): 217-226.

Hong E K, Sedikides C, Wildschut T. 2021. Nostalgia strengthens global self-continuity through holistic thinking[J]. Cognition and Emotion, 35 (4): 730-737.

Hong E K, Sedikides C, Wildschut T. 2022. How does nostalgia conduce to global self-continuity? The roles of identity narrative, associative links, and stability[J]. Personality and Social Psychology Bulletin, 48 (5): 735-749.

Juhl J, Routledge C, Arndt J, et al. 2010. Fighting the future with the past: nostalgia buffers existential threat[J]. Journal of Research in Personality, 44 (3): 309-314.

Juhl J, Wildschut T, Sedikides C, et al. 2020. Nostalgia proneness and empathy: generality, underlying mechanism, and implications for prosocial behavior[J]. Journal of Personality, 88 (3): 485-500.

Juhl J, Wildschut T, Sedikides C, et al. 2021. Nostalgia promotes help seeking by fostering social connectedness[J]. Emotion, 21 (3): 631-643.

Kaplan H A. 1987. The Psychopathology of nostalgia[J]. Psychoanalytic Review, 74 (4): 465-486.

Lasaleta J D, Sedikides C, Vohs K D. 2014. Nostalgia weakens the desire for money[J]. Journal of Consumer Research, 41 (3): 713-729.

Leunissen J, Wildschut T, Sedikides C, et al. 2021. The hedonic character of nostalgia: an integrative data analysis[J]. Emotion Review, 13 (2): 139-156.

Maher P J, Igou E R, van Tilburg W A P. 2021. Nostalgia relieves the disillusioned mind[J]. Journal of Experimental Social Psychology, 92: 104061.

Milligan M J. 2003. Displacement and identity discontinuity: the role of nostalgia in establishing new identity categories[J]. Symbolic Interaction, 26 (3): 381-403.

Routledge C, Arndt J, Sedikides C, et al. 2008. A blast from the past: the terror management function of nostalgia[J]. Journal of Experimental Social Psychology, 44 (1): 132-140.

Routledge C, Arndt J, Wildschut T, et al. 2011. The past makes the present meaningful: nostalgia as an existential resource[J]. Journal of Personality and Social Psychology, 101（3）: 638-652.

Schindler R M, Holbrook M B. 2003. Nostalgia for early experience as a determinant of consumer preferences[J]. Psychology and Marketing, 20（4）: 275-302.

Sedikides C, Cheung W-Y, Wildschut T, et al. 2018. Nostalgia motivates pursuit of important goals by increasing meaning in life[J]. European Journal of Social Psychology, 48（2）: 209-216.

Sedikides C, Wildschut T, Baden D. 2004. Nostalgia: conceptual issues and existential functions[C]//Greenberg J, Koole S L, Pyszczynski T. Handbook of Experimental Existential Psychology. NewYork: Guilford Press: 200-214.

Sedikides C, Wildschut T, Cheung W-Y, et al. 2016. Nostalgia fosters self-continuity: uncovering the mechanism（social connectedness）and consequence（eudaimonic well-being）[J]. Emotion, 16（4）: 524-539.

Sedikides C, Wildschut T, Routledge C, et al. 2015. To nostalgize: mixing memory with affect and desire[J]. Advances in Experimental Social Psychology, 51（1）: 189-273.

Stephan E, Sedikides C, Wildschut T, et al. 2015. Nostalgia-evoked inspiration: mediating mechanisms and motivational implications[J]. Personality and Social Psychology Bulletin, 41（10）: 1395-1410.

Stephan E, Wildschut T, Sedikides C, et al. 2014. The mnemonic mover: nostalgia regulates avoidance and approach motivation[J]. Emotion, 14（3）: 545-561.

Stern B B. 1992. Historical and personal nostalgia in advertising text: the fin de siecle effect[J]. Journal of Advertising, 21（4）: 11-22.

Turner R N, Wildschut T, Sedikides C. 2012. Dropping the weight stigma: nostalgia improves attitudes toward persons who are overweight[J]. Journal of Experimental Social Psychology, 48（1）: 130-137.

van Tilburg W A P, Igou E R, Sedikides C. 2013. In search of meaningfulness: nostalgia as an antidote to boredom[J]. Emotion, 13（3）: 450-461.

van Tilburg W A P, Sedikides C, Wildschut T. 2015. The mnemonic muse: nostalgia fosters creativity through openness to experience[J]. Journal of Experimental Social Psychology, 59: 1-7.

van Tilburg W A P, Sedikides C, Wildschut T, et al. 2019. How nostalgia infuses life with meaning: from social connectedness to self-continuity[J]. European Journal of Social

Psychology, 49（3）: 521-532.

Vess M, Arndt J, Routledge C, et al. 2012. Nostalgia as a resource for the self[J]. Self and Identity, 11（3）: 273-284.

Wildschut T, Sedikides C, Arndt J, et al. 2006. Nostalgia: content, triggers, functions[J]. Journal of Personality and Social Psychology, 91（5）: 975-993.

Zhou X, Huang R, Batcho K, et al. 2020. This won't last forever: benefits and costs of anticipatory nostalgia[J]. Frontiers in Psychology, 11: 577308.

Zhou X, Sedikides C, Wildschut T, et al. 2008. Counteracting loneliness: on the restorative function of nostalgia[J]. Psychological Science, 19（10）: 1023-1029.

Zou X, Wildschut T, Cable D, et al. 2018. Nostalgia for host culture facilitates repatriation success: the role of self-continuity[J]. Self and Identity, 17（3）: 327-342.

第二章　怀旧营销：现象与效果

第一节　怀 旧 产 品

一、怀旧零食

凭借经典的包装和传统的味道，怀旧零食再度席卷而来。咪咪虾条、喔喔奶糖、小当家干脆面……提及这些名字，瞬间就能勾起许多"80后""90后"的童年记忆。怀旧经济悄然升温，全国各地纷纷可见怀旧主题商铺，从装修到商品无不透出浓浓的"复古潮""怀旧潮"，吸引人们消费、打卡，回忆旧时光。

当中小学生们收到迷你厨具、魔方等玩具时，广大"95后"正在下单怀旧零食。美团优选数据显示，2022年5月以来，酸梅粉、无花果等怀旧零食订单量同比增长超100%，"95后"消费者成主力军，占比超过养娃的"80后"。"95后"零食订单中，辣条销量稳居第一，较上年同比增长了310%。

调查数据显示，不同城市的年轻群体之间，怀旧零食口味偏好也不同。例如，杭州和苏州的"95后"，吃掉的果丹皮位居全国前两名，深圳"95后"是奶片消费大户，而武汉的"95后"则摘下最爱吃沙琪玛的桂冠。除了一二线城市，三四线城市青年对于怀旧零食的消费力也不容小觑。例如，湛江"95后"吃掉的酸梅粉比广州、深圳都要多，订单量居全国第一。

新冠疫情期间，居家带孩子上网课的徐女士，在网上下单购买了怀旧零食大礼包。礼包里有虾子面、鱿鱼丝、戒指糖、辣条等。重新吃到这些零食，让她的味觉被唤醒，好像回到了童年。当时她的家里并不富裕，为了吃到这些零食，她要期盼和等待很长时间，等尝到滋味的时候，心里拥有的是满满的幸福感。"现在的各种糖果和零食，感觉缺少了糖果本身的奶味、甜味和粮食的天然质感"。徐女士惋惜地说,"我很想尝到小时候的那种味道,那是一种久违了的纯真和质朴的感觉"①。

二、怀旧电影

随着中国电影市场不断扩大,内地银幕数稳步增长,每个重要档期都成了电影刷新票房纪录的演武场,衡量一部电影商业价值的高标准也从之前的1亿元提升至10亿元,再到如今的50亿元。截至2023年2月14日,2023年年度票房已达到129.7亿元,超出疫情前2019年同期票房10.3亿元。

纵观中国电影市场票房冠军的更迭,除了能看到某部影片的商业价值、受观众欢迎度,受众的审美趣味、票房冠军对类型片生产的影响等现象特征,亦可从中窥探一二。例如,"怀旧"题材的电影可以说是永恒的票房灵药。

从《同桌的你》到近几年的《最好的我们》,青春怀旧电影曾在电影市场大行其道,一度由题材便决定了高票房。当青春电影里的主题曲《红日》响起,众多"80后"一瞬间都心潮澎湃,产生强烈的情感共鸣②。

同样,我国的国产动画电影《西游记之大圣归来》和《大鱼海棠》也是有着"怀旧"和"情怀"的标签,收获了票房的成功。《西游记之大圣归来》有"西游记"这个大IP③的保驾护航,无异于经典童话之于迪士尼的作用。中国文化对国人的吸引力,看看《功夫熊猫》系列在国内的票房便已明了,那是一种刻进骨子里的本土情结④。

回看近年来的票房大片,这些涉及"怀旧"的电影具有两种特征:通过影像,或构建某类幻想世界,还原某一历史时刻;或还原个体的亲身经历,达成精神上的怀想。二者均旨在弥合某种残缺的、逝去的往昔。

《阿凡达》涉及工业进程对环境破坏的描述:反派上校(军阀、财阀的象征)为开采地下矿源,不惜砍伐殆尽潘多拉星球上的原始森林。

在《变形金刚》系列中,霸天虎想把地球变成自己第二个殖民地,并试

---

① "激活回忆"营销成亮点 休闲零食市场刮起怀旧风[EB/OL]. https://m.thepaper.cn/baijiahao_18790357, 2022-06-29.

② 高票房岂止一步之遥? 电影营销该咋玩[EB/OL]. https://mp.weixin.qq.com/s/tPzelw9djLA0wW35TTz1sQ, 2015-01-05.

③ IP:(intellectual property,知识产权),大IP是指具有广泛知名度和影响力的知识产权,通常是指一部成功的文学作品、电影、电视剧或其他媒体内容,具有强大的品牌价值和受众基础。

④ "怀旧牌"是电影票房的护身符吗[EB/OL]. https://mp.weixin.qq.com/s/MGisxjdpzRYbZJy8C7lh9g, 2021-11-14.

图将赛博坦星球与地球拼合起来，复兴故土。到了《流浪地球》，人类赖以生存的星球成了被宇宙流放的主体。在架空的外星人和星体叙事中，反而能看到一种悲壮的怀乡之情，那个回不去的、永恒游荡的断壁残垣。《长津湖》将跨时代的兄弟情引入抗美援朝，从伍氏兄弟的传承带出志愿军战士们奋勇向前、保家卫国的决心。这种以小见大的处理方式，易随着故事的推进，将个体视角升华为集体情感，使银幕外的观众产生共鸣。《你好，李焕英》则聚焦个体亲情的体悟。因车祸，女儿阴差阳错回到过去，试图通过改变母亲的一生使妈妈过上幸福的生活。此处，现实世界与幻想世界间不可缩减的距离，反映出反思型怀旧的悲情色彩：精神回得去，但肉体回不去，现实不可被改变，母亲也不会死而复生。

值得一提的是，《战狼2》将"现时的着迷和对另外一个时间的怀想"完美结合起来。在非洲的土地上，曾经的军人以信念和斗志战胜不公，守卫和平。它没有像《长津湖》那样回望历史，也没有像《流浪地球》一样展望未来，而是将传统精神通过现代事件演绎出来。以现代化军事武器和军人风姿，增强国家凝聚力。

宏大叙事也好，个体追忆也罢，票房冠军更迭史亦是观众们的怀旧史[①]。

三、怀旧服饰

都说时尚是个轮回，2023年大热的印花元素是二十世纪七八十年代必不可缺的潮流复古元素之一。"英伦复古风""怀旧国潮风""气质港风"经久不衰，引领当下流行的趋势，为我们带来时尚又富有质感的不一样的美学效果与享受。

2022年3月，Gucci通过旗下线上概念店Gucci Vault与"同名"兄弟Vans Vault高端支线达成合作。5月，Gucci Vault再度分享了一组全新Vans产品，通过与Gucci同样对用色颇有研究的艺术家——Julian Klincewicz和Vans Vault的最新合作展现标志性美学理念。Gucci Vault由艺术总监Alessandro Michele主导，以线上虚拟货架的形式呈现，每月发布罕见的古着单品，并定期轮换更新独家系列、特别合作产品和品牌。自创立以来便以"贩卖复古"为核心，突破时空与品牌的限制，融合新旧风格的Gucci Vault，恰好与刚刚迎来最新合作的Vans Vault与Julian Klincewicz 不谋而合。因此，这次三方的强强联手

---

① 拆解27年票房冠军史，发现中国影市的永恒灵药是…[EB/OL]. https://mp.weixin.qq.com/s/hNadeOIRdyFQOS48WvHdgg, 2021-11-07.

也顺理成章地浮出水面。

这一系列从Julian Klincewicz童年在密歇根夏日度过的家庭时光入手，将其作为灵感讲述了他骑自行车去买冰淇淋、在密歇根湖游泳、在沙丘草丛中捉迷藏、仲夏夜围坐在篝火旁看流星雨、烈日下吃波兰传统小吃、傍晚时分在草地上踢足球等零散片段，重现了从五月到九月穿了一整个夏天的鞋子、能反复穿着的T恤、适合各种场合的足球短裤等单品[1]。

同样，反观国内，一场"怀旧国潮风"的盛行，让回力、飞跃等老牌运动鞋品牌也重新焕发生机。

公开数据显示，回力在2018年的销售数量超过500万双，品牌销售额成倍增长。2018年，回力天猫旗舰店销售额超过2亿元，其中帆布鞋销量增长500%。该店铺销售额在2014~2018的5年间增长超过65倍。2019年，在天猫"双十一"中，回力销售额首次破亿元，位居同品类鞋品牌榜中的第五位。2021年的天猫"双十一"，回力鞋的销售额同样破亿元。

近"百岁高龄"的回力如何在落寞十多年后实现了回力、回血？回力的成功，先是借国潮最初通过运动品牌形成流行的风口，抓住互联网思维，再根据网店销量数据快速迭代产品，让品牌从老掉牙变成了潮流引领者，逐步获得了年轻一代用户的青睐。

与此同时，国内市场的萎缩让回力球鞋的目光转向了国外，2017年是回力球鞋创立的90周年，回力鞋趁此推出了海外专属全新系列，名为WOS33。结果，在国内不到百元的回力鞋，国外售价70欧元，翻了四倍之多。

这一波成功，其原因在于复古。

事实上此前飞跃鞋的海外走红，也为回力在海外的跟进孵化了用户，那是一种复古风走向，打的是情怀牌。国外大牌也有类似的如小白鞋、椰子鞋等同类老款常青路数。因此回力属于顺应了全球的潮流风口，实现了品牌的"科普"，逐步地，回力也开始被消费者称为"中国匡威"[2]。

四、怀旧玩具

儿童节，肯德基的可达鸭一鸭难求；7月，麦当劳的小黄人疯狂吸睛；

---

[1] 极致用色、怀旧主题，这组联名就是 GUCCI VAULT「贩卖复古」的最好体现[EB/OL]. https://mp.weixin.qq.com/s/K1Y3FmWXuoh-I3qigzvRmw，2022-05-21.

[2] 张书乐. 差点变回忆，你童年遇见的那个回力，正在回血[EB/OL]. https://baijiahao.baidu.com/s?id=1756775393506480554&wfr=spider&for=pc，2023-02-03.

大鲨鱼布罗艾，一度占据宜家顶流位置；迪士尼家族，更是一次又一次抢夺无数俊男靓女的钱包……

可爱的外形、洗脑的音乐、魔性的动作、童年回忆的加持……这些玩具让成年人梦回当年的同时快乐解压。更为火热的，是成年人以玩具本身为对象的创造性表达，如可达鸭手中举起的不同口号："拒绝加班"……正是这种充满想象力的玩具"拟人化"行为和背后传达的情绪，让成年人为之疯狂着迷。

玩具是天马行空的魔法，也因此是超越年龄界限的存在，大朋友或小孩子都可以是玩具狂，能从中找到快乐或者其他自己想要的东西。对成年人来说，玩具更是生活里的调和剂。

回不去的童年时光，可以用玩具找回一丝熟悉的记忆。幼时的一只毛绒娃娃，即便破旧也不舍丢弃，跨越十余年现在仍陪伴在床头；小时候没法拥有的玩具，长大后希望弥补幼时遗憾……玩具承载着成年人的童年。

情怀之外，城市里的年轻人，在独居的生活状态下，也需要有"人"陪伴。从宜家大鲨鱼、玲娜贝儿，到如今的Jellycat，一个个暴火的毛绒玩偶，成为陪伴成年人最长时间的物件，给足安全感。吃饭、学习、工作，甚至睡觉，玩偶俨然已经成为他们生活的一部分。

比起小朋友，成年人的心境更为复杂多变，一个解压和释放的出口尤为重要。在社交平台上，我们会看到许多人晒出自己与玩偶的相处日常，他们会对着玩偶说话倾诉，会带玩偶出门，会为玩偶做衣服。这个过程所带来的安抚、陪伴与治愈，构成了令他们上瘾的元素。在玩具世界里，一切充满想象，我们可以在其中寻找并表达自我，与玩具共情。喜欢玩具的成年人，沉浸在自己的快乐里，也会想要在同龄人中寻找童心未泯的同类，达成共识[①]。

第二节 怀旧品牌

一、百雀羚

1920年，人潮涌动的南京路矗立着一栋占地广阔、外形气派的欧式大楼，这是国内首家由国人筹设而成的环球百货商店。这个时候，百雀羚的品牌创

---

① 成年人，依旧戒不掉玩玩具的瘾[EB/OL]. https://mp.weixin.qq.com/s/bfFEcpvocvVt7_9GsCowew, 2022-09-09.

立者顾植民还是一个穿梭于顾客和柜台之间的营业员。十年如一日的销售生涯过后,顾植民已经彻底摸清了化妆品行业的各种渠道和规则,水涨船高,时势造人,他决定不当伙计当掌柜,自己创建一个新牌子。

1931年,百雀羚小蓝罐在上海贵妇圈掀起了酝酿已久的风潮。季节还未更替,百雀羚已经在市区街头张贴出上海滩众美人协助完成的广告画报,百雀羚冷霜成为时下最热门的美妆类产品。1949年夏天,爱国护国的热血气息在祖国大地上无声弥漫,上海市人民政府与上海市工商界协会决定订立爱国公约,作为成功商人代表的顾植民是第一批在合约上签名的企业家。1950年冬天,朝鲜战争的炮火震动鸭绿江两岸,顾植民心系援朝士兵,决定将百雀羚冷霜捐赠至前线,为志愿军提供防寒护肤补给。这一大爱之举让百雀羚再次名扬内地,港澳甚至东南亚各国也开始预订百雀羚各款产品。2008年,上海市政府出面牵头,投入500万元,从香港购回百雀羚的商标权,因为十年浩劫而被迫转手的国民老字号得以回归故里。

千禧年之后,国内美妆行业的发展可谓一日千里。合流为民营公司的百雀羚仿佛被岁月的尘埃掩盖了往日的光辉,那个曾经让无数上海佳人争相购买的蓝色小铁罐,在改革开放后的中国市场失去了竞争优势,直到2009年,百雀羚的总体销量没有达到两亿元。

就此不温不火直到退市?还是挑战自我再试一回?百雀羚进退两难之时,广州成美公司为它带来了一丝希望曙光。

2010年前后,相宜本草凭借"草本护肤"的主打定位赚得盆满钵满,这让一开始就以"天然护肤"为宣传卖点的百雀羚感到束手无策。对手是长期占据市场销量榜首的新生品牌,百雀羚暌违国内卖场已久,应该怎样找到属于自己的突破点?经过谨慎的重复商讨,专攻战略定位的广州成美公司和百雀羚达成一致:下一款新品,必须以"百雀羚草本"为口号,争夺定位机会,奠定品牌主打概念。

就这样,2011年,百雀羚从着手《中国好声音》和《快乐大本营》两档热门综艺的冠名项目开始,投入一亿元营销费用,最终将"百雀羚草本,天然不刺激"的产品标语送到全国观众的耳中。2013年,百雀羚以"国礼"的身份去坦桑尼亚,依托"民族骄傲、国货自强"的精神标语,促使了百雀羚重焕新生。

重新找回关注度的百雀羚就像被打通了任督二脉:2016年,百雀羚线上旗舰店以1.45亿元的销量蝉联天猫"双十一"购物节化妆品类销售冠军。2017年,百雀羚凭借广告短片《百雀羚1931》在网络上留下了一段"高光时刻",

视频投放期间，单是一条广告图文就被转发600万余次。2017年秋，百雀羚争取到与故宫珠宝文化首席设计顾问钟华的合作机会，趁热推出"燕来百宝奁美妆礼盒"，产品上线35秒便售罄。2019年，百雀羚找到在敦煌非遗彩塑技艺上颇有建树的工艺美术行业大师杜永卫，更新护肤产品阵容，同时推出敦煌悦色岩彩系列彩妆。当年"双十一"，百雀羚凭借这套"应战装备"达成了新品最早破千万元的纪录，开售十分钟，销售额攻破亿元大关。

"2021年全球最有价值品牌"公布，位于TOP15阶梯的百雀羚是名单里的唯一中国品牌，与之并肩的是OLAY、SKⅡ等轻奢国际品牌。这份成绩足以证明：中国品牌充分具有走出国门、享誉世界的实力，即使意外的风波让发展的脚步受阻，这间隙之中的思考和决策也能转变成未来长远发展的跳板[①]。

二、五芳斋

民国初期，一批浙江兰溪商人来到嘉兴，张锦泉便是其中一位。1921年，张锦泉开了首家"五芳斋粽子店"，将清道光年间留下的字号"五芳斋"作为品牌名。不同于嘉兴的旧式粽子，五芳斋以四角交叉立体长方枕头为形，将火腿、鲜猪肉包入而受到人们的好评。1956年公私合营，"五芳斋粽子店"与同一弄堂内的另外两家"五芳斋"粽子合为一家，称为"嘉兴五芳斋粽子店"，当时张锦泉唯一的学徒姚九华当之无愧地被任命为经理，在他的努力下，五芳斋粽子店由十几人迅速增加到80多人，营业面积也由20多平方米扩张到200多平方米。1992年，五芳斋粽子公司正式成立，并在次年被评为"中华老字号"；1998年，通过国企改制，五芳斋实业正式成立，开始面向全国市场销售。2011年五芳斋粽子制作技艺被列入国家级非物质文化遗产保护名录，2004年成为中国驰名商标，如今已是粽子界的头部品牌。

资料显示，五芳斋目前主要从事以糯米食品为主导的食品研发、生产和销售。目前已形成以粽子为主导，集月饼、汤圆、糕点、蛋制品、其他米制品等食品于一体的产品群，在黑龙江宝清建立了五芳斋稻米基地；在江西靖安建立了野生箬叶基地；在嘉兴、成都建立了生产基地，并建立起覆盖全国的商贸、连锁门店、电商的全渠道营销网络。截至2021年底，公司通过直营、合作经营、加盟、经销等方式共建立了478家门店[②]。

---

① 国货品牌故事——百雀羚：流水的时代，铁打的情怀[EB/OL]. https://baijiahao.baidu.com/s?id=1753604766443036840&wfr=spider&for=pc, 2022-12-30.

② 五芳斋："老"字号需要"新"故事[EB/OL]. https://m.thepaper.cn/baijiahao_19879429, 2022-09-13.

与此同时，近几年"老字号"五芳斋在社交媒体上屡屡以刷屏的方式出现在年轻人的视野，与自己的那些"老兄弟"形成了鲜明对比。作为一个"百岁老人"五芳斋显然越活越年轻。无论是从品牌定位、产品开发还是营销创意来说，五芳斋正在捕捉年轻一代的喜好。

以2009年为界，五芳斋发生了两件大事：第一，确定了未来的发展战略，即"打造米制品行业的领导品牌，打造中式快餐连锁的著名品牌"；第二，投身电商。此后数年间，五芳斋广开连锁门店，电商也如火如荼发展，积极探索"互联网+"潮流下的新零售，2018年还联手口碑推出24小时无人智慧餐厅。

品牌营销层面，围绕端午节进行风俗文化赛事上的拓展，在《舌尖上的中国》崭露头角，与同名的"汤圆大王"武汉五芳斋"联姻"，与迪士尼合作推出漫威联名礼盒，以1 000万元征集裹粽机器人……中华老字号如何可持续，在品牌朝生暮死的互联网时代存活下来？五芳斋或许能给我们一点启示。

五芳斋之所以能屹立百年，正是因为一直以来都坚持创新和尝试。在产品上如此，在用户沟通上也是如此。比五芳斋粽子更知名的，可能是五芳斋的广告片。近些年，五芳斋的广告片不断在B站、微博出圈，打入了年轻人阵营。2017年，在环时互动这家聚焦于社交网络的品牌构建公司代理后，五芳斋仿佛换了一个品牌调性，逐渐在社交网络上崭露头角。从科普风的《白白胖胖才有明天》，到后来二维码广告《朋友们蘸起来》，再到幽默有趣的《帮朋友们打打广告》，这家百年老店，对Z世代[①]发起攻势，一个粽子的故事被重新续写。

2017年，五芳斋发布第一支圣诞节主题广告《手速很快的张改花》，张改花的手速快到什么程度呢？大风天接住你的假发，打喷嚏接假牙，洗澡接肥皂，简直快准狠。那张改花是谁？一名普普通通的包粽工，一分钟可以包七个粽子，造就了她惊人的手速。

2019年端午前，五芳斋发布广告《奇幻大片》，围绕"一糯百年心"的品牌主张，这支广告讲述了从农耕文明时代到充满科技感的未来这几千年当中，粽子与五芳斋品牌的来源与发展。这支短片号称"由亚洲顶尖影视制作团队制作，300名国际国内专业人员，400幅插画手稿，2 400张精细图层，270台机器同时渲染，1 600个小时持续工作，只为这90秒"。

---

① "Z世代"是Y世代之后、阿尔法世代之前人口统计群体。通常是指1995~2009年出生的一代人。

2022年端午，五芳斋结合当下热点，广告《锥宇宙》围绕一个有些脑洞的设定展开，"2202年人类全都移民至了虚拟空间中，地球不复存在"，由于元宇宙过于拥挤，五芳斋以自己的粽子为原型继而推出了"锥宇宙"，并开始了追寻爱与真实的旅程，探索世界的真实所在。片中不仅涉及五芳斋的经典广告元素"跷跷板"，也致敬了《E.T. 外星人》《楚门的世界》《银翼杀手》等经典电影。在影片的最后，五芳斋的虚拟艺人五糯糯也作为彩蛋出镜。

以上仅为部分精彩案例，可以看得出，围绕节气节日等节点上，五芳斋整体营销铺排非常紧凑，通常以1~2款短视频主推。可以说只要有传统节日的地方，必定有五芳斋的身影。

五芳斋被戏称为「最会搞事的老字号」不是没有来由的。它让青团这个江南地区的时令小吃，成为年轻人追捧的新晋网红；让粽子这个端午节"特供"，成了日常购买及馈赠亲友的新选择……

在品牌形象上，五芳斋通过"去老化"重塑品牌理念，改变品牌在用户心中的心智。通过个性化视觉营销、黏性互动形成二次传播。老字号在老一辈的眼里代表几十年积淀下来的口碑，是味道、品质与信任感。但在新的主流年轻消费群体心中，老字号却代表着过时、守旧、界限，年轻人不会因为老而认同你，反而可能会因为老而离开你。当前年轻人更注重产品的社交属性，产品的好玩、有趣比品质更能吸引他们。显然，五芳斋也洞察到了这种消费趋势，并进行了极端的"去老化"动作。

最早最轰动的一个营销活动是把劳动节还给劳动者的主题营销活动。劳动节当天，五芳斋狂发100条微博，把100位裹粽工人的名字做成了100张海报，在五一当天100连发，刷爆了粉丝的微博，大有"人来疯"的势头。其背后想要传递的用意则是，每个粽子背后都有一个独特的名字，可能是陈小琴、刘玉珍，也可能是汤桂英……她们是五芳斋的裹粽员工，五芳斋的每个粽子都是她们手工制作的。

通过推出一系列画风清奇、摸不着头脑的广告片，一系列让人感觉意料之外又在情理之中的营销活动，五芳斋让年轻消费群体注意到了他。你看了这些视频，这些活动后，你还认为五芳斋是个老古董吗，显然不会，你会把他当成一个同样年轻、无厘头甚至更加幼稚的小孩。"老"字已经与他的品牌调性格格不入了，他已经逐步在消费者心目中植入了年轻新潮的心智。通过这种极端操作，五芳斋和年轻人打成了一片。在抓住现有老顾客形成复购之外，五芳斋的拉新不只是针对年轻人，而是希望更多原来不买五芳斋，或者不消费中国传统产品的消费者产生兴趣，吸引他们，让他们产生好感，再次形成复购。在未来这批越来越年轻的人逐渐代替原来主流群体的时候，才能有持续的生命周期。

除了创意不重样的广告，五芳斋也积极与各大品牌联名。合拍的联名合作，是品牌间的双向赋能。从2016年开始，五芳斋就陆陆续续与各大品牌跨界联合，通过跨界有活力、年轻态的品牌，以用户画像为基础，借助辨识度极高的品牌符号，转嫁消费者对这些经典IP的情感及记忆，演化出了新潮流融合，塑造了朝气蓬勃的品牌形象，获得了年轻消费者的喜爱。

例如，2016年五芳斋与迪士尼和漫威的合作给其带来了不小的声量。与漫威合作推出"五芳霸霸""五芳联盟"两款粽子产品，与迪士尼合作推出的「花样五芳」礼盒，赋予米老鼠、唐老鸭等卡通人物古典扮相，迪士尼的童真童趣，搭配五芳斋的海派风情，使得中华老字号多了些蓬勃朝气；后又与青岛啤酒联合带来"五好青年"年货礼盒，与盒马鲜生合作推出了「FANG 粽系列」粽子礼盒；与钟薛高雪糕合作推出粽香牛乳口味，与乐事薯片合作推出咸蛋黄肉粽味。五芳斋通过跨界将传统文化与潮流趋势相结合，打破了老品牌形象风格，成功在年轻圈层中掀起话题。

在品牌更迭速度加快、消费者注意力时间缩短的时代，具备创新力的新锐产品或营销只是获得年轻消费者关注的第一步。任何老字号想要在形象和销售上实现质的突破，都需要不断探索和创新，赋予品牌自身新的标签和时代特色[①]。

三、李宁

2021年11月4日，李宁（中国）体育用品有限公司（简称李宁）正式发布全新独立高级运动时尚品牌——LI-NING 1990（李宁1990）。与安踏、特步等企业频繁收购、大力发展多品牌的策略截然相反，李宁一直非常谨慎，坚持单一品牌发展，官方战略定调"单品牌、多品类、多渠道"。即便走国潮路线的"中国李宁""李宁COUNTERFLOW"市场反应良好，也只是以产品线形式存在，而非独立的品牌。此次重磅推出的LI-NING 1990，是李宁品牌自己孵化的第一个也是目前唯一一个新品牌。

LI-NING 1990名字的灵感来自李宁品牌创立的时间1990年，在2021年11月的发布会上，LI-NING 1990也宣布重新启用创始LOGO，李宁老标以几何

---

① 从老字号到"潮牌"，五芳斋是怎么做到的？[EB/OL]. https://mp.weixin.qq.com/s/X-kRDtXf05YSechogz4auA, 2022-05-20.

图案的重复、旋转形成三角形构图体现。李宁创始LOGO不仅是李宁品牌独特价值的荣光印记，其中承载的情怀也是其核心竞争力之一。启用创始LOGO的作用，在于唤起消费者更为清晰的品牌意识，为LI-NING1990切入轻奢赛道做铺垫，给企业创造更多的利润空间[①]。

20世纪90年代伊始，在里原宿的小巷内，NIGO、藤原浩、泷泽伸介等纷纷开始创立品牌，"里原宿系"风格就此诞生。大洋彼岸的西方世界，美国东、西两岸的Hip Hop也在Puff Daddy、Biggie和Dr.Dre、2PAC等的带领下蓬勃发展。伴随而来的街头潮流黄金年代，在Hip Hop与滑板、冲浪等运动的结合下开始悄然崛起。诚然，里原宿文化与Hip Hop文化是潮流浪潮中如磐石般的存在。然而当国产品牌这阵风吹起后，时代开始发生改变。身为国产品牌之中的先行者，李宁已然成功俘获大众的芳心，继而成为国内潮流发展中引领者般的存在。

让我们再度回到20世纪90年代，此时的东方，中国知名奥运冠军"体操王子"李宁在赛场上荣耀谢幕。与此同时，一个在日后成为里程碑式的品牌——「李宁」，就此诞生。经过31年的沉淀，李宁品牌创造了无数历史。在运动潮流与专业运动齐头并进的历程中，也逐渐获得Z世代少年们的认可与喜爱。

当下所盛行的Vintage文化[②]，李宁早已深谙其道。伴随着中国市场消费结构的改变，以及潮流趋势的发展，服装已然脱离表面本意，成为表达自我的注解。因此，在对当下消费趋势和消费者需求进行深入洞察之后，一场名为LI-NING 1990的故事就此展开。顾名思义，LI-NING 1990是一次经典的回归。其代表着品牌成立初期的本心，亦是将所承载的"运动基因"，以当代的时尚语言再度呈现。这一刻，我们的思绪仿佛被拉回到30年前。"老标"加持；以"时尚"重塑"运动"；极具华夏艺术格调的古法蓝染、宋代彩陶……诸多设计要素的汇集与经典的重译，让我们仿佛游离于20世纪90年代与当代所产生的时间裂隙中。

在这时间裂隙之间，感受到的则是李宁品牌精神犹如奥运圣火般的传递与延续。「经典与永恒」的碰撞，激发起蕴藏在品牌发展历程中的充沛力量。这股力量的爆发，使得LI-NING 1990再度演绎品牌精神的同时，也开启了对

---

① 李宁为什么要创造一个新品牌 LI-NING1990[EB/OL]. https://baijiahao.baidu.com/s?id=1743279579459061098&wfr=spider&for=pc, 2022-09-07.

② Vintage 文化通常是指对过去某个特定时期的时尚、艺术、文化和设计的热爱和追溯。这个词来源于英语，原意是指葡萄酒的年代，后来扩展到其他领域，特别是在时尚和设计方面。

于高级运动时尚领域的布局。

始于1990，相遇2021。LI-NING 1990是李宁集团的再次起航，亦是喜爱运动、喜爱时尚的朋友们的又一福音，是20世纪90年代经典的华丽再现[①]。

第三节　怀旧广告

一、摩尔庄园手游营销

《摩尔庄园》是一款2008年上线的游戏，以"健康、快乐、创造、分享"为主题。在游戏里，每个玩家都会化身为一只小鼹鼠，穿上自己挑选的装扮，带上自己喜欢的玩耍道具，跟其他的小摩尔一起玩游戏、打水仗、捉迷藏。无论与现实的小伙伴们相隔多远，所有人都可以在庄园里一起听音乐、跳舞，一起讨论各种有趣的问题，还可以和伙伴们互相照顾可爱的拉姆。作为许多"90后"的童年记忆，2008年《摩尔庄园》端游上线后，不到一年时间，注册数就突破了3 000万人次。2021年6月1日，吉比特旗下的雷霆游戏独家代理推出了手游版本的《摩尔庄园》，上线仅8小时，下载量就超过600万次，微博话题阅读量就达到了6.3亿人次，讨论44万人次，占据游戏热议新品榜日榜第一。

时隔13年，《摩尔庄园》是怎么做到重新翻红、引爆热度的呢？与常规的游戏预热是通过大量投放效果广告的方式不同，本次《摩尔庄园》的宣发，是通过社区运营和情怀话题来触达老IP的用户感知，一步步渲染怀旧情绪，让拥有《摩尔庄园》童年记忆的玩家抱团实现主动回归，为手游的发行打下了一个坚实的用户基础。

从2020年8月起，《摩尔庄园》开始不断在微博发起诸如#摩尔庄园回来了#、#摩尔庄园十二周年庆#、#摩尔庄园回忆大赛#、#摩尔庄园可爱度测评#之类的回忆性话题，同时打造了《什么是摩尔庄园》《庄园情报站》等系列节目，让用户一边回忆IP剧情和设定，一边了解新手游的系统和玩法，周期性地刺激用户的关注度，维持用户期待。

此外，《摩尔庄园》还推出"寻找红鼻子"H5活动。玩家上传自己的照

[①] 90年代不止街头潮流，还有「LI-NING 1990」[EB/OL]. https://baijiahao.baidu.com/s?id=1715778427191560498&wfr=spider&for=pc, 2021-11-07.

片戴上"红鼻子",就可以生成自己的专属入场券海报,同时玩家分享自己的门票海报,并找到其他四位玩家即可组成拉姆应援小队,还可以获得拉姆炫酷耳机限定装扮一个。这样的宣传方式有利于让玩家找到共鸣和归属感,达成病毒式营销效果。

最后,《摩尔庄园》上线的时间选择在六一儿童节这个时间节点,暗含回归童年的意味,直击成年人的痛点,与游戏缓解压力的作用形成呼应[①]。

二、天猫超市创意改编经典广告

情感消费的时代,大到房产汽车,小到日常快速消费品,"情怀营销"手法铺天盖地,每个品牌都想从中分一杯羹,纷纷使出"攻心计",其本质是对于消费者情感的占领。童年影视剧、卡通形象、符号、台词……这些都是撬动大众底层心智共鸣的介质;同样地,广告作为媒体产物,也承载了一代人的童年回忆,宛如重新回到那些年的时光。2022年3月23日,天猫超市携手10个品牌在童年经典广告上进行延续和改动,对其进行"长大"的演绎,同时改编oppo步步高音乐手机经典广告歌曲——《我在那一角落患过伤风》。

短片复刻MM豆"快到碗里来"、"饿货,来根士力架"、汤大师"面条好料加量",熟悉的镜头配上熟悉的广告语,一股亲切之感油然而生,不自觉地勾起了人们的童年记忆。可以注意到,品牌巧妙地将重心置于新旧广告之间的衔接上,魔性洗脑的同时传递商品"加量"的特点,唤起人们童年回忆的同时,送上加量不加价的满足,大大降低了消费者对广告的抵触心理。

从营销层面上说,天猫超市携手品牌上演的「童年回忆杀」,其核心在于对用户情感及心智的占领,不仅有效勾起了大众的情绪心弦,也在无形中传达出了天猫超市"加量不加价"的品牌诉求。

在情感消费时代,消费者购买商品所看重的不仅仅是商品数量的多少、质量好坏及价钱的高低,还有感情上的满足和心理上的认同。"情怀营销"重在唤起和激起消费者的情感需求,促进消费者心灵上产生共鸣,寓情感于营销之中,让本身苦闷乏味的营销变得更具温度和人情意味。所有的情怀都根植于一个记忆点,它可能是一个场景、一句台词、一个卡通IP形象、一位影视剧偶像明星,只要一出现,便能拨回时间的指针,把消费者带入过去的时光中。

---

① 摩尔庄园刷屏,情怀营销真的靠谱吗?[EB/OL]. https://www.163.com/dy/article/GBLE01C205388UDU.html,2021-06-04.

依托电视广告本身所具有的情怀价值，在评论区内，就引起了不少网友的共鸣热潮，表示"满满的回忆，我现在还很喜欢看这些""这广告，爷青回啊"，触发用户生成内容（user generated content，UGC）的产出。

Z世代登上社会消费舞台，"个性""独立""不安分"成为这一群体的主要标签，相较于常规的"填鸭式"卖点广宣，如何用创意收获大众好感度与青睐度就是营销的关键之处。"80后"和"90后"的童年，智能手机及互联网还未全面普及，电视剧在他们成长的历程中扮演了十分重要的角色。那时候的孩子总是能够每晚准点守在电视机旁，观看自己喜欢的电视节目。就如曾经风靡一时的《射雕英雄传》《包青天》《倚天屠龙记》《我和僵尸有个约会》《妙手仁心》，这类陪伴我们成长的电视剧占了半壁江山，至尊宝的经典台词仍然流传至今。与这些电视节目相联结的广告因为具有童年元素而受到Z世代消费者的青睐。因为它们所引发的怀旧情感可以增强消费者的控制感。因此，并不是大众喜欢看广告，而是有了这些童年元素的广告，让用户有了更多的欢笑与追忆，青春与童年的珍贵之处就在于它的不可逆性，那时候的无忧无虑，足以让人潸然泪下。

可以注意到，天猫超市携手10个品牌复刻童年经典广告的做法，无形中让人看到了青涩时光的影子，"快到碗里来""饿货，来根士力架"这些耳熟能详的字眼，无疑触动了用户的情绪心弦。尤其是结尾oppo步步高音乐手机的经典歌曲——《我在那一角落患过伤风》响起，这段熟悉的旋律，不禁让许多"90后"想起当年那个身着白衣、长发飘飘、笑容甜美的宋慧乔。时尚、小清新和高音质映射步步高手机的核心卖点，配合宋慧乔清纯甜美的形象、冯曦妤哼唱的背景音乐完美地诠释了这两个标签，让这首歌响彻大街小巷。

在童年经典广告上进行延续和改动，天猫超市对其进行「长大」的演绎，唤起的是人们的童年回忆，恰到好处地让品牌营销变得生动有趣、可回味[①]。

三、蒙牛世界杯回忆杀

四年一度的世界杯落下帷幕，梅西带领阿根廷赢得世界杯。梅西在世界杯赛场上"披荆斩棘"的同时，一场关于世界杯营销的战役也在同步进行。在这场世界杯营销大战中，梅西代言的品牌——蒙牛，携手2022世界杯特权

---

① 张小虎. 复刻童年经典广告，天猫超市怀旧营销真有一套[EB/OL]. https://mp.weixin.qq.com/s/yigLozYf4FkwZwq6Exy6Nw，2022-03-30.

转播商抖音，以前所未有的方式赢得品牌营销的"世界杯"。①

早在世界杯开赛前，蒙牛通过发布"世界杯回忆杀"和"要强出征"等世界杯主题TVC，对"要强"精神进行品牌叙事，凭借细致入微的洞察和饱含情义的笔触，在众多品牌故事同时段爆发的情况下突出重围赢得先机。

在世界杯倒计时40天之际，蒙牛先是推出了一个关于"马拉多"回忆和父亲"马达"观看世界杯的故事。从收音机里听球赛，到电视上看球赛，再到用手机观看，蒙牛用世界杯串联起主角两代人的成长历程和时代的变化。青春不过几届世界杯，整个TVC看下来，让人在观看的同时也感觉有如亲历者，在每一个镜头背后似乎都能找到自己的故事。44年，世界杯早以超乎想象的方式深深融入中国球迷的生活，它所承载的拼搏、竞技、向上的精神，更是他们生命中不可或缺的精神寄托。

一个优秀的品牌，不仅要在消费者心智中有清晰的定位，更重要的是要带给人精神力量，给予用户生活方式、情感价值的认同，这正是蒙牛世界杯主题TVC所讲的故事的深层价值。同样，在品牌短片《要强出征》中，蒙牛也通过带领我们重温世界杯历史上知名队长的精彩瞬间，把品牌"营养世界的每一份要强"的主张与大众情感完美相融，完成品牌价值观的传递。

短片中，肯鲍尔、阿尔贝托、马拉多纳、卡西利亚斯、梅西……这些球队灵魂人物，他们可能所处时代不同，位置不同，但都贯彻着同一个精神。蒙牛抓住了指挥进攻、组织防守、鼓励伙伴，引领球队争取胜利的队长身上统一的永不服输的"要强"精神，在近乎严苛的短时间内，唤起一代代球迷的情感共鸣。对于世界杯，每个品牌能讲的故事都有很多，但要传达出自身独有的精神内涵，品牌就必须要有更多对自己的精准定位和营销思考。回过头来看，蒙牛之所以要在开幕前讲这两个故事，一方面，是在亮明品牌"本届世界杯国内食品领域唯一的全球官方赞助商"的身份；另一方面，也是精准找到了自己在世界杯和观众关系中的位置，以及自己讲述世界杯故事的立场——在蒙牛的故事中，足球是很多人的精神支撑，队长精神支撑着每一支球队，而牛奶则能带给人营养上的补给，正是因为有着这一层关系，才让精神共鸣回落得自然，承接得有理。

其实，品牌深陷同质化烦恼，归根结底还是因为太多的世界杯营销在策划时过于思考世界杯本身，或是没考虑到用户需求点，或是忽略自身产品的使用场景及与世界杯的关联。蒙牛却不同，它所讲的故事从没有脱离品牌、

---

① 轻快时代，品牌如何成为世界杯营销的"头号射手"[EB/OL]. https://www.digitaling.com/articles/877267.html，2022-12-27.

世界杯、用户三方面的关联。

蒙牛的这两支品牌短片，之所以将这个故事放在了一个更长的时间跨度里去讲述，正是希望将世界杯对一代又一代球迷的"精神陪伴"，与品牌对一代又一代消费者的"营养陪伴"建立起关联，从而让品牌"营养世界的每一份要强"的初心更加具象化，也顺势加深品牌与世界杯的强绑定关系。

事实上，在短片内外，蒙牛的产品同样没有缺席。例如，在关于"世界杯回忆杀"的短片之中，蒙牛一手通过情怀来打造品牌的温度，另一手在短片中埋下了一条产品的暗线。牛奶在短片之中多次出现，几乎全程参与了两代人的成长，凸显蒙牛多年来一直在默默地给每一个"要强"的人提供营养支持。

同时，随着两支短片的推出，蒙牛还先后上线了12款回忆杀世界杯主题的系列产品和32强国旗定制包装产品，以产品承接住TVC的内容，为消费者的怀旧情绪与情感找到一个实体的承载。

虽说营销离不开抢夺注意力，消费者的注意力集中在哪里，品牌的身影自然就要出现在哪里。但品牌首先要理解，世界杯营销的核心在用户，而不在世界杯本身。或许只要与蒙牛一样让营销真正回归到用户的原点，通过世界杯来阐释品牌对用户的价值，每个品牌都能找到自身的破局之道[①]。

[①] 这届世界杯，蒙牛讲了一个好故事[EB/OL]. https://mp.weixin.qq.com/s/alsWfBtzecP6SR6Wkdhwgg, 2022-11-21.

第三章　怀旧营销成败的影响因素
——压力感

作为香港回归25周年的献礼综艺，《声生不息》在2022年4月24日上线当日就拿下综艺日播量市场占有率第一，当日播放量累计达2.03亿次[①]。截至5月17日中午，芒果TV站内播放量累计达到12.57亿次。微博上，#声生不息# 话题共获得阅读量22.9亿次，网友讨论数超过338万次。三期节目播出后，豆瓣评分为7.6分。从收视率到讨论度，主打怀旧情怀的《声生不息》给出了一份漂亮的成绩单。综艺《声生不息》的成功掀起了"80后""90后"对香港乐坛黄金岁月的怀念。根据Apple Music排行榜，排名前10的粤语歌绝大多数发行于10年以前：《富士山下》发行于2006年，《单车》发行于2001年，《海阔天空》发行于1993年。邓紫棋2014年发行的《喜欢你》，也翻唱自Beyond1988年的作品。有多少听粤语歌的"80后""90后"，耳机里播放的还是熟悉的声音？

不仅仅是音乐，怀旧似乎已经成为各种文化产品的潮流标志。在刚刚过去的几年，许多作品都搞起了续作和剧场版，连"奥特曼"都拿下了两亿搜索量，成为年轻人圈子里的时尚新顶流。魔兽世界开了怀旧服，任天堂发布了怀旧掌机，《数码宝贝》在影院上映……过去的好多东西，好像纷纷都回来了。

有人讲，怀旧是中老年人的专属，但上面的事实却告诉我们，这种情结在"80后""90后"身上体现得更为明显。在这场关于怀旧的集体主题里，参与者大多是二三十岁的年轻人，B站霸屏的"爷青回"就是最好的证明。或

[①] 《声生不息》掀起港乐怀旧潮，音综情怀牌还能打多久[EB/OL]. https://baijiahao.baidu.com/s?id=1732257552665235516&wfr=spider&for=pc，2022-05-08.

许，怀旧并不是因为我们老了，而是因为这种奇妙的情绪体验能够赋予人们某种精神上的慰藉或力量来抵御他们在日常生活中的压力与焦虑。

2021年微博上的一个调查显示"90后"已经不约而同开始怀旧，很多人喜欢刷经典老片，日均刷片时间1小时。对此，有些网友认为，刷老片是一种怀旧仪式和温暖陪伴，因为现实有太多无法掌控的焦虑，看到老片熟悉的剧情如同与老友重逢，让人不禁放松下来。在无锡工作的小杨就是个老片爱好者。小杨自评是个十足的"宅女"，她在一家动漫公司实习，有着大多数年轻人刚面对社会的新奇及焦虑。"我从以前一沾枕头就睡，变成了凌晨因为失眠而数羊。"平日，小杨过着家和公司两点一线的生活，宅家看老片，成了她忙碌生活中必不可少的解压方式。"《名侦探柯南》《哆啦A梦》《千与千寻》《蜡笔小新》……这些经典我真是百看不厌。"小杨提到这个话题顿时变得兴奋起来，她向记者展示以前买的许多动漫光碟。这些光碟分门别类摆放在卧室的书架上，有些光碟上的标签印记已经变得模糊不清。小杨说，她在吃饭或者空余时间都会反复观看这些老动漫，有些桥段甚至都可以背出来。由此可见，压力与怀旧之间可能存在某种微妙的关联。

第一节 压力与应对机制

压力是指导致个体需要进行行为调整的事件，如一场考试、一次车祸等（Holmes and Rahe，1967）。根据Thoits（1995）的研究，压力事件可以分为三类，即短期内出现的生活重大改变（例如，第一个孩子的出生和离婚）、长期的紧张状态（例如，贫穷的生活或不可调和的婚姻矛盾）以及需要做出调整的日常事件（例如，堵车或一位不寻常的访客）。在消费情境中，消费者也会因为不同的原因承受压力。例如，消费者可能在信息搜集阶段因为信息的缺失而承受压力（Schwartz，2004），可能在产品评估阶段由于备选产品过多或者信息过载造成的权衡困难而承受压力（Luce，1998），可能在产品购买阶段因为自身缺少必要的知识无法准确评价产品而承受压力（Viswanathan et al.，2005），也可能在购后阶段因为实际产品与期望不同而承受压力（Schwartz，2004）。

压力在日常生活中的易发性和普遍性使研究者开始关注个体缓解压力的应对机制。例如，Folkman（1984）、Folkman等（1986）将压力的应对机制分为情绪聚焦型和问题聚焦型两种。前者包括否认、控制自己的情绪、正视自我责任、逃避与正向思考,后者包括直接解决问题与制订计划。寻求社会支持则同属于这两种类型。研究者认为情绪聚焦型应对机制和问题聚焦型应对机制并不相互排斥,个体在面对压力时可以同时采用两种应对机制。基于上述研究发现,Krohne(1993)将这些应对机制重新划分为回避型和趋近型两种。其中,否认与逃避属于回避型应对机制,其余策略则属于趋近型应对机制。此后,Duhachek(2005)将寻求社会支持从Krohne(1993)的分类中分离出来,提出积极应对型、回避型和寻求支持型三种应对机制的分类模型,并将寻求支持型细分为寻求情感支持与寻求社会资源支持两种。

压力应对机制的多样性导致研究者进一步探讨何种因素会影响个体对应对机制的选择。研究发现,个体的情绪状态和性格特征是两个重要的影响因素。例如,乐观(Carver et al.,1993)、自信或外向(Duhachek and Iacobucci, 2005)的个体更倾向于采用直接解决问题的问题聚焦型而非情绪聚焦型应对机制;而情绪敏感的个体更倾向于采用逃避型而非趋近型应对机制(Connor-Smith and Flachsbart,2007)。Yi和Baumgartner(2004)分析四种具体的负面情绪后发现,个体在愤怒时更可能采用直接面对的应对机制,在后悔时更可能采用正向思考的应对机制,在担忧和失落时则更可能采用逃避的应对机制。

我们发现现有的压力文献主要研究个体在生活情境中的压力应对机制,较少有学者探讨个体如何通过特定的消费行为来应对压力。在仅有的相关研究中,Rindfleisch等(1997)发现家庭结构的变化(父母离异)会给年轻人造成家庭压力,从而导致他们增加物质主义消费和强制性消费。那么,我们在日常生活中所观察到的压力与怀旧消费之间的相关性是否预示着压力会影响消费者的怀旧偏好,即对具有怀旧元素的产品、品牌或者广告的偏好?如果答案是肯定的,那么压力状态下的消费者产生怀旧偏好的原因是什么?是因为回忆过去的美好时光可以缓解他们的负面情绪,还是因为对过去的缅怀可以让他们重拾克服压力的信心?遗憾的是,在现有的营销研究中,压力与怀旧是两个相互独立的研究领域,迄今为止尚未有研究证实两者之间有关系。为此,我们将压力和怀旧两个领域的研究进行有机结合,将怀旧消费视为一种新的压力应对反应,从而将个体的压力应对机制从生活情境拓展到消费情境,探讨个体通过改变消费行为来应对压力的可能性。

第二节 压力激发怀旧消费的心理机制

已有研究发现，压力往往被个体视为一种威胁，从而引发焦虑情绪（Folkman，1984；Cohen and Williamson，1991；Duhachek and Iacobucci，2005）。焦虑作为一种特殊的负面情绪，是控制感降低的一个重要信号（Raghunathan and Pham，1999）。根据"情绪即信息"（mood as information）的理论（Schwarz，1990），情绪具有提供信息的功能。个体在进行判断或者决策时往往会将情绪视为一种信息并试图去理解这种信息的含义（Schwarz，1990；Schwarz and Clore，2007）。例如，消极的情绪常常被理解为个体对刺激物的不喜欢或者不满意，积极的情绪则被理解为个体对刺激物的喜欢或满意（Schwarz and Clore，1983）。Raghunathan和Pham（1999）将这一理论应用到焦虑这一具体的情绪类型，发现个体将焦虑情绪视为控制感降低的信号。焦虑的情绪越强烈，个体的控制感越低。因此，当压力引发个体产生强烈的焦虑情绪时，个体会感觉自身的控制感降低。

控制感是个体的一种信念与期望。控制感强意味着个体认为自己有能力对物理环境与社会环境进行响应，并有能力获得自己渴望的结果（Abeles，1991）。已有研究发现，控制感与个体的身心健康密切相关（Rodin，1986；Lachman and Weaver，1998）。控制感越高，个体的身心健康程度越高。他们能更快地从疾病中恢复，甚至活得更长久（Rodin et al.，1985；Lachman，1986）。相反，控制感的缺失会刺激大脑中的杏仁体，让个体产生害怕、厌烦和不安等一系列消极体验（Whalen，1998）。为了摆脱这些消极体验，个体会产生增强控制感的需求。

我们认为具有怀旧元素的品牌、产品或者广告可以满足个体增强控制感的需求。营销活动中的怀旧元素会导致消费者产生怀旧的想法或怀旧的情绪，从而使消费者与过去建立联结（Brown et al.，2003；Muehling and Sprott，2004；Loveland et al.，2010）。因此，当个体接触到具有怀旧元素的产品、品牌或广告时，他们会进行怀旧。怀旧可以通过提高自我评价和增强社会支持感知两种途径来提高消费者的控制感，从而满足他们增强控制感的需求。一方面，个体在怀旧时更容易回想起过去积极的经历（Walker et al.，1997），并通过一个"玫瑰滤镜"重塑记忆，美化过去的自己（Davis，1979）。因此，个体在怀旧时更容易想到积极的自我，建立积极的自我评价（Wildschut et al.，

2006）。积极的自我评价与控制感存在显著的正向相关关系（Frazier et al.,2011）。自我评价越积极，个体所感知的控制感越强。另一方面，个体在怀旧时往往会回忆起一些与自己有亲密关系的社会群体，包括家人、朋友、伴侣等（Holak and Havlena, 1998; Zhou et al., 2008）。这些群体是社会支持的重要来源，可以帮助个体解决问题，降低环境的不确定性（Chen and Feeley, 2012）。个体的社会支持感越强烈，他们的控制感就会越高。因此，个体在怀旧过程中所产生的积极自我评价和社会支持感知均有助于他们重新获得控制感。

综上，我们认为压力产生的焦虑情绪会降低消费者的控制感，从而导致他们产生增强控制感的需求。怀旧品牌与怀旧产品会引发消费者产生怀旧的想法或情绪，进而通过提高消费者的自我评价和增强社会支持感知这两种途径增强他们的控制感。因此，压力会增强消费者的怀旧偏好。根据上述讨论，我们提出以下研究假设。

H3-1：压力增强消费者的怀旧偏好。

H3-2：在上述影响关系中，压力引发焦虑情绪，进而降低消费者的控制感，最终导致消费者产生更强的怀旧偏好。

第三节　压力与怀旧消费的关系分析

我们通过一个市场调查和一个实验室实验来分析压力与怀旧消费之间的关系。在市场调查中，我们采用非学生样本测量被试的工作压力，并要求他们完成一系列品牌选择。结果发现消费者所承受的工作压力水平与怀旧品牌的选择之间存在正向的相关关系。在实验室实验中，我们采用学生样本并操控被试的压力水平，然后要求被试在怀旧产品与非怀旧产品之间做出偏好判断。我们发现，压力组的被试比非压力组的被试更加偏好怀旧产品。同时，实验结果证实该影响关系背后的心理机制是压力引发焦虑情绪，降低控制感，进而增强消费者的怀旧偏好。

研究1　压力水平与怀旧偏好的关系

研究1的目的是通过一个市场调查来验证压力水平与怀旧品牌偏好之间

的影响关系。调查样本来源于中国移动深圳分公司市场部、网络部与客服部的员工。我们把调查问卷上传到Qualtrics在线调查系统，然后将问卷链接通过企业邮箱发放给被试。被试打开链接即可在线完成问卷。数据搜集工作于2014年1月5日开始，到2014年1月15日结束，共搜集样本320份。删除中途中断问卷填写或没有完成所有问题的被试后，有效样本数为297份。其中男性177人，女性120人，平均年龄为31.42岁。样本涵盖了从高中到博士研究生各个学历的人群，其中高中及以下学历的有19人，大学专科学历的有103人，大学本科学历的有136人，硕士研究生学历的有28人，博士研究生学历的有11人。从收入情况看，每月可支配收入2 000元以下占全部有效样本的4.7%，2 001~4 000元占31.8%，4 001~6 000元占40.7%，6 001~8 000元占11.4%，8 000元以上占11.4%。

该市场调查以在线问卷调查的形式进行，包括工作压力调查和品牌偏好调查两部分。在阅读完问卷说明并表示同意帮助我们完成此次调查之后，被试首先进入压力调查部分，根据自己的真实经历回答一系列有关工作压力的问题。根据前人的研究，我们采用角色压力源量表来测量工作压力（Keller，1984；李超平和张翼，2009）。该量表包括9个测项（Cronbach's Alpha=0.765，参见附录A）。完成压力测量后，被试进入品牌调查部分。他们设想自己正在一家超市购物，需要购买一些食品和日用品。我们选取了膨化食品和护手霜作为刺激物，因为这两个产品分别属于享乐品和功能品。并且，同一产品品类下的不同品牌价格相近。对每一个产品，我们提供四个品牌供被试选择，包括两个怀旧品牌与两个非怀旧品牌。被试需要在四个品牌中选择一个自己最想购买的品牌。在问卷中，被试先选择膨化食品品牌，然后选择护手霜品牌。

我们通过前测来选择怀旧品牌和非怀旧品牌。在前测中，我们为每一种产品选取6个品牌，让28名被试分别对其怀旧程度和喜爱程度进行打分（Loveland et al.，2010）。其中，测量怀旧的两个测项是"该品牌在多大程度上让你回忆起过去的时光？"与"该品牌在多大程度上让你产生了怀旧的感觉？"（1表示完全没有，7表示非常强烈）（护手霜：$r = 0.861$；膨化食品：$r = 0.871$）。测量品牌态度的测项是"你喜欢××这个品牌吗？（1表示非常不喜欢，7表示非常喜欢）"。我们的选择标准是：怀旧品牌比非怀旧品牌让被试产生更强烈的怀旧感觉；同时，被试对怀旧品牌和非怀旧品牌的喜爱程度没有显著差别。根据上述标准，我们最终在膨化食品的品牌中选择了上好佳与旺旺作为怀旧品牌，乐事与可比克作为非怀旧品牌。在护手霜的品牌中选择大宝与百雀羚作为怀旧品牌，屈臣氏与相宜本草作为非怀旧品牌。在每一类产品中，怀旧品牌都比非怀旧品牌让被试产生更强烈的怀旧感觉（护手霜：$M_{怀旧品牌}$=3.59，$M_{非怀旧品牌}$=2.31，$F(1, 27)$=66.465，$p<0.001$；膨化食品：$M_{怀旧品牌}$=4.10，$M_{非怀旧品牌}$=3.11，$F(1, 27)$=56.32，$p<0.001$），但是被试对两者的喜爱程度没有显著差异（护手霜：$M_{怀旧品牌}$=3.58，$M_{非怀旧品牌}$=3.50，$F(1, 27)$=0.33，$p>0.1$；膨化食品：$M_{怀旧品牌}$=4.01，$M_{非怀旧品牌}$=3.87，$F(1, 27)$=0.659，$p>0.1$）。

被试在完成品牌选择之后回答了一些有关人口统计信息的问题，然后结束本次调查。

为了验证假设，我们采用中位数分组的方法把压力分为高压力组与低压力组（$M_{高压力组}$=5.03，$M_{低压力组}$=3.76，t=−20.158，$p<0.001$），然后对不同组的品牌选择进行卡方检验。如表3-1所示，在护手霜品类中，相比低压力组，高压力组里有更多的被试选择怀旧品牌（χ^2=7.439，p=0.004）。该结果在膨化食品类中同样存在（χ^2=3.225，p=0.047）。

表 3-1　品牌选择结果

产品品类	品牌	高压力组 选择人数	占比	低压力组 选择人数	占比
护手霜	怀旧品牌	86	58.11%	63	42.28%
	非怀旧品牌	62	41.89%	86	57.72%
	人数总计	148		149	
膨化食品	怀旧品牌	53	35.81%	39	26.17%
	非怀旧品牌	95	64.19%	110	73.83%
	人数总计	148		149	

接下来，我们以工作压力为自变量，以品牌选择为因变量，以年龄、性别、可支配收入、学历和产品品类（编码为虚拟变量）为控制变量进行logistic回归。结果显示，工作压力的大小对怀旧品牌的选择存在显著的正向影响（β=0.31，p=0.003）。被试的工作压力越大，他们选择怀旧品牌的可能性也越大。因此，H3-1得到支持。此外，我们发现年龄与品牌选择存在负相关关系（β=−0.028，p=0.03），男性比女性更可能选择怀旧品牌（β=0.483，p=0.008），而且消费者在购买护手霜时更可能选择怀旧品牌（β=0.838，$p<0.001$）。学历和每月可支配收入对品牌选择没有显著的影响（$ps>0.1$）。

研究1的结果为我们的研究假设提供了初步的实证支持，但研究1存在一定的局限性。一方面，我们在真实品牌中选取了怀旧品牌和非怀旧品牌以检验消费者在不同压力水平下的品牌选择行为。前测结果显示消费者在自然状态下对这两类品牌的喜爱程度没有区别，但是两者之间可能存在其他未知的差异对研究结果产生影响。另一方面，市场调查和logistic回归分析只能检验变量之间的相关关系，压力与怀旧偏好之间的因果关系还有待进一步验证。我们在研究2中将采用实验方法来解决这些问题。

研究2 压力对怀旧偏好的影响及其心理机制

研究2的目的有两个。一是我们通过改变对压力和怀旧偏好的操控方式再次验证压力与怀旧偏好之间的关系。二是检验压力、焦虑情绪、控制感和怀旧偏好之间的影响关系以验证H3-2。研究2采用单因子两组实验设计，压力是组间变量。我们在北京市某重点大学通过网络广告招聘了83名在校学生参加实验。其中男性23名，女性60名，他们的平均年龄是22.02岁。实验结束后每位被试都获得20元的现金报酬。

所有的实验任务都在实验室的电脑上完成。被试到达实验室后，被随机分配到两个实验组中的一个。实验包括两个任务。在第一个任务中，我们要求被试阅读一篇新闻稿件，然后为该新闻稿拟一个标题。在压力组，新闻稿以参加实验的被试所在高校大学生就业难为主题。在控制组，新闻稿则以该高校的社团嘉年华活动为主题。阅读完新闻之后，被试按照要求写下新闻标题。

接下来，我们测量被试的焦虑或担心（1=完全没有，7=非常强烈，$r=0.757$，$p<0.001$）（Raghunathan and Pham，1999；Lee et al.，2011）、害怕和悲伤三种负面情绪，以及两个作为填充测项的正面情绪以避免被试猜出实验目的。之后是控制感的测量，包括三个测项（在处理生活中一些问题时我常常觉得无助；生活中所发生的事情往往不在我的控制范围之内；生活中有很多事情会阻碍我想做的事情；1=完全不同意，7=完全同意，Cronbach's Alpha = 0.764）（Lachman and Weaver，1998）[1]。被试在完成情绪与控制感测量后进入下一个实验任务。

在第二个实验任务中，我们要求被试想象他们获得了一张音乐会门票兑

---

[1] 在数据分析时，我们对控制感这一变量进行了重新编码：其中1代表完全没有控制感，7代表非常具有控制感。

换券，可以去兑换一张最近正在上演的音乐会门票。在查询演出资讯后他们发现目前只有两场音乐会还有余位。然后，被试看到关于这两场音乐会的简单介绍。其中，音乐会A的主题是"岁月留声，重温记忆中的歌声，讲述光阴流转的故事"。音乐会B的主题是"音海徜徉，捕捉跳跃的音符，编织绚烂多彩的乐章"。被试看完介绍后在11分量表上选择自己更想去听的音乐会（1表示更想去音乐会A（怀旧音乐会），11表示更想去音乐会B（非怀旧音乐会），6表示两者没有区别）[①]。

之后，我们测量了被试对两场音乐会主题的怀旧感知（Loveland et al., 2010, $r=0.912$）及他们在完成第一个任务之后的压力感知以进行操控检验。最后，请被试回答一些有关人口统计信息的问题。在完成所有任务后，被试领取报酬离开实验室。

在验证假设之前，我们首先进行操控检验。以感知怀旧程度为因变量的2×2重复测量的方差分析结果显示，怀旧主题的音乐会比非怀旧主题的音乐会给被试带来更加强烈的怀旧感（$M_{怀旧音乐会}=5.41$, $M_{非怀旧音乐会}=2.53$, $F(1,81)=438.245$, $p<0.001$）。此外，压力的主效应及压力与品牌的交互效应均不显著（$ps>0.1$）。以感知压力为因变量的方差分析结果显示，阅读"大学生就业难"新闻的被试比阅读"社团嘉年华"新闻的被试在完成该任务之后感受到更大的压力（$M_{压力组}=5.35$, $M_{控制组}=3.37$, $F(1,81)=64.923$, $p<0.001$）。由此可见，我们对怀旧产品和压力的操控均是成功的。

接下来，我们首先以音乐会的偏好为因变量进行方差分析再次验证H3-1。结果显示，压力组的被试比控制组的被试更加偏好怀旧音乐会（$M_{控制组}=4.85$, $M_{压力组}=6.44$, $F(1,81)=3.758$, $p=0.056$）。因此，H3-1得到验证。

接下来，我们采用Hayes（2009）的bootstrapping方法验证中介效应。我们将自变量压力、中介变量焦虑情绪与控制感、因变量怀旧主题偏好放入模型中（图3-1），将重复测量的样本数设置为5 000，置信区间设置为95%。检验结果显示（表3-2），压力对焦虑情绪存在显著的正向影响（$\beta=0.64$, $t=2.31$, $p=0.02$），焦虑情绪对控制感存在显著的负向影响（$\beta=-0.23$, $t=-2.50$, $p=0.01$），而控制感对怀旧偏好存在显著的负向影响（$\beta=-1.29$, $t=-3.34$, $p=0.001$）。同时，压力对怀旧偏好存在正向的直接影响（$\beta=1.79$, $t=2.22$, $p=0.03$）。此外，焦虑情绪对控制感的影响所起到的中介作用效应量为0.188 2，其所在的置信区间显著地偏离0（95%CI=0.022 0~0.628 2），中介效应显著。上述

[①] 在数据分析时，我们对因变量怀旧偏好进行了重新编码：其中 1 代表更喜欢非怀旧音乐会，11代表更喜欢怀旧音乐会。

结果表明，压力对怀旧主题偏好的影响部分通过焦虑情绪和控制感的先后中介作用来实现。

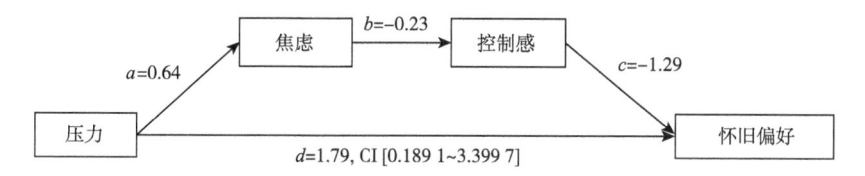

图 3-1 压力影响怀旧偏好的心理机制

表 3-2 中介效应检验模型中的直接影响与间接影响

影响关系	系数	标准误	95%置信区间
直接影响			
压力→焦虑	0.64*	0.27	0.090 0~1.180 9
压力→控制感	−0.18	0.23	−0.285 7~0.644 0
压力→怀旧偏好	1.79*	0.81	0.189 1~3.399 7
焦虑→控制感	−0.23*	0.09	−0.412 9~−0.047 9
焦虑→怀旧偏好	−0.25	0.32	−0.904 6~0.399 6
控制感→怀旧偏好	−1.29**	0.38	−2.050 8~−0.519 7
间接影响：压力→怀旧偏好			
通过焦虑的中介作用	−0.16	0.26	−0.844 8~0.247 4
通过控制感的中介作用	−0.23	0.31	−0.947 8~0.307 2
通过焦虑→控制感的中介作用	0.19	0.13	0.022 0~0.628 2

*表示 $p<0.05$，**表示 $p<0.01$

然后，我们将其他两种负面情绪——害怕和悲伤作为中介变量放入模型中探索其他可能的中介机制。检验结果显示，压力对害怕与悲伤都存在显著的正向影响（$\beta_{害怕}=0.85$，$t_{害怕}=3.41$，$p_{害怕}=0.001$；$\beta_{悲伤}=0.70$，$t_{悲伤}=3.28$，$p_{悲伤}=0.002$）。但是害怕与悲伤对怀旧偏好的影响都不显著（$ps>0.1$）。因此，压力引发的害怕与悲伤不是压力到怀旧偏好的中介变量。这一结果意味着压力下的消费者更加偏好怀旧产品并不是因为怀旧产品可以给他们带来积极情绪从而中和由压力引发的负面情绪，而是因为怀旧产品可以修复压力所导致的控制感缺失。

研究2通过操控压力和产品的怀旧诉求，证明压力和怀旧偏好之间存在正向的因果关系。同时，研究2通过验证中介机制揭示了该影响关系背后的心理机制。具体而言，压力引发焦虑情绪，进而降低消费者的控制感。控制感的缺失导致消费者更加偏好怀旧产品。害怕与悲伤这两种负面情绪在压力到怀旧偏好的影响过程中都没有起到中介作用。因此，我们可以排除压力下的消费者产生怀旧偏好是因为怀旧引发积极情绪从而中和因压力而产生的负面情绪这一解释机制。

第四节　发现怀旧消费的情绪价值

通过一个市场调查与一个实验室实验，我们证实压力会增强消费者的怀旧偏好。这种偏好表现为消费者在品牌选择时更有可能选择怀旧品牌（研究1），也表现为他们对采用怀旧诉求的产品产生更加积极的产品态度（研究2）。在这个影响过程中，压力引发焦虑情绪降低控制感，从而导致消费者更加偏好怀旧品牌和怀旧产品。这一研究发现在我们采用不同的研究方法（市场调查或实验）、不同的样本（学生或非学生样本）和不同的变量操作（选择真实品牌或操控虚拟产品的怀旧程度）的情况下表现出高度的一致性。因此，研究为压力与消费者怀旧偏好之间的影响关系提供了充分的实证支持。

这些研究结果表明，怀旧消费作为压力的一种应对策略具有重要的情绪价值。在现有的压力文献中，心理学家主要探讨个体在生活情境中应对各种压力的策略（Folkman, 1984; Folkman et al., 1986; Yi and Baumgartner, 2004; Duhachek, 2005; Connor-Smith and Flachsbart, 2007），营销学者则主要研究在消费过程产生的压力对消费者行为的影响（Luce, 1998; Mick and Fournier, 1998; Viswanathan et al., 2005）。相比之下，将特定的消费方式作为压力应对机制的研究较少。我们的研究表明怀旧消费是人们应对压力的一种行为反应，被用来缓解压力所激发的焦虑情绪。压力的应对机制可以分为情绪聚焦型机制与问题聚焦型机制，其中情绪聚焦型机制主要关注压力引发的负面情绪，而问题聚焦型机制更倾向于直接解决压力本身（Folkman, 1984）。怀旧消费并没有直接解决压力源，而是满足了压力导致的焦虑情绪产生的增强控制感的需求。从这个意义上说，怀旧消费属于情感聚焦型应对机制（Folkman, 1984），也属于趋近型应对机制（Krohne, 1993）。因此，我们在厘清压力与消费者怀旧偏好之间的作用机制的基础上，对怀旧偏好这一压力应对策略进行了清晰的定位。

已有研究发现无聊（van Tilburg et al., 2013）、孤独（Zhou et al., 2008）等负面情绪以及社会排斥（Loveland et al., 2010）、死亡威胁（Zhou et al.,

2013）等负面事件会引发怀旧，导致个体在消费行为上表现为更加偏好怀旧产品。我们证实压力也是怀旧消费的一个重要诱因。更重要的是，我们提供了一个新的视角来解释压力与怀旧消费之间的影响过程。在探索负面情绪或负面事件如何引发怀旧的研究中，学者们已经提出了几种不同的观点来解释心理机制。例如，Routledge等（2008）认为个体在遭遇死亡威胁的时候会产生寻求生命意义的需求，而怀旧可以满足这一需求，因此在个体遭遇死亡威胁时会产生更强的怀旧情绪。Loveland等（2010）发现，个体在遭受社会排斥的时候会产生强烈的归属感需求，而怀旧产品可以增强归属感，因此个体在被排斥的时候更偏好怀旧产品。我们指出，压力下的消费者之所以更加偏好怀旧产品是因为他们有增强控制感的需求。由压力引发的焦虑情绪使个体产生控制感降低的认知，进而激发出增强控制感的动机。怀旧产品可以通过提高消费者的自我评价和增强社会支持感知这两种途径来增强控制感。从这个角度看，压力诱发怀旧偏好的心理机制是一个从情绪到认知进而到动机的复杂过程。这既是一个情绪管理过程，也是一个动机补偿过程。

此外，控制感作为个体对自身响应环境、得到预期结果的能力的认知会影响个体的幸福感（Rodin，1986；Lachman and Weaver，1998；Eccles and Simpson，2011）；缺乏控制感的个体会出现退缩行为以及害怕、沮丧、愤怒等消极情绪（Seligman，1975）。因此，个体在缺乏控制感时会产生、表现出某些特定的行为以重塑控制感。例如，控制感需求高的个体在遇到挑战时会更加努力、坚持更长的时间（Burger，1985），同时也会产生更多的宗教行为（Keinan，2002）。这些行为有助于提升他们的幸福感。我们认为，控制感需求同样会影响消费行为，如怀旧消费。怀旧消费可以通过提高消费者的自我评价和增强社会支持感知这两种途径来增强控制感，进而缓解人们的焦虑情绪，提升幸福感。这就是怀旧消费的情绪价值所在。

对企业而言，我们的研究成果为企业针对压力状态下的消费者采用怀旧营销的有效性提供了理论基础。怀旧营销是缓解压力的一剂良药，而不仅仅是吸引眼球的一场噱头。我们认为，怀旧营销适用于面临较大的工作压力或生活压力的消费人群。因此，营销管理者可以将压力作为市场细分的标准，准确识别怀旧营销的目标顾客；也可以通过广告设计、营销沟通等方式让消费者意识到压力的存在，从而提高怀旧营销的有效性。此外，营销管理者可以针对不同类型的压力群体制定不同的怀旧营销策略。这样既可以帮助企业通过差异化营销提高产品的市场表现，也可以帮助消费者通过怀旧消费来应对压力。例如，针对学习压力、就业压力大的大学生群体，企业可以在校园中投放具有儿时回忆与童年生活等怀旧元素的品牌广告以刺激学生的怀旧情怀，提升其品牌态度。针对工作压力大的上班族，企业可以定期开展以怀旧为主题的促销活动，在帮助上班族应对压力的同时提高企业的市场表现。与此同时，在快节奏的现代化生活方式下，学习压力、工作压力和生活压力无处不在。学会如何有效地应对压力对人们的身心健康极其重要。日常生活中感到"压力山大"的人群可以通过购买怀旧产品来缓解焦虑，改善心情，促进身心健康。

参 考 文 献

李超平，张翼. 2009. 角色压力源对教师生理健康与心理健康的影响[J]. 心理发展与教育，25（1）：114-119.

Abeles R P. 1991. Sense of control, quality of life, and frail older people[C]//Birren J E, Lubben J E, Rowe J C, et al. The Concept and Measurement of Quality of Life in the Frail Elderly.San Diego：Academic Press：297-314.

Brown S, Kozinets R V, Sherry Jr J F. 2003. Teaching old brands new tricks: retro branding and the revival of brand meaning[J]. Journal of Marketing, 67（3）：19-33.

Burger J M. 1985. Desire for control and achievement-related behaviors[J]. Journal of Personality and Social Psychology, 48（6）：1520-1533.

Carver C S, Pozo C, Harris S D, et al. 1993. How coping mediates the effect of optimism on distress: a study of women with early stage breast cancer[J]. Journal of Personality and Social Psychology, 65（2）：375-390.

Chen Y, Feeley T H. 2012. Enacted support and well-being: a test of the mediating role of perceived control[J]. Communication Studies, 63（5）：608-625.

Cohen S, Williamson G M. 1991. Stress and infectious disease in humans[J]. Psychological Bulletin, 109（1）：5-24.

Connor-Smith J K, Flachsbart C. 2007. Relations between personality and coping: a meta-analysis[J]. Journal of Personality and Social Psychology, 93（6）：1080-1107.

Davis F. 1979. Yearning for Yesterday: a Sociology of Nostalgia[M]. New York：Free Press.

Duhachek A. 2005. Coping: a multidimensional, hierarchical framework of responses to stressful consumption episodes[J]. Journal of Consumer Research, 32（1）：41-53.

Duhachek A, Iacobucci D. 2005. Consumer personality and coping: testing rival theories of process[J]. Journal of Consumer Psychology, 15 (1): 52-63.

Eccles F J R, Simpson J. 2011. A review of the demographic, clinical and psychosocial correlates of perceived control in three chronic motor illnesses[J]. Disability and Rehabilitation, 33 (13/14): 1065-1088.

Folkman S. 1984. Personal control and stress and coping processes: a theoretical analysis[J]. Journal of Personality and Social Psychology, 46 (4): 839-852.

Folkman S, Lazarus R S, Gruen R J, et al. 1986. Appraisal, coping, health status, and psychological symptoms[J]. Journal of Personality and Social Psychology, 50 (3): 571-579.

Frazier P, Keenan N, Anders S, et al. 2011. Perceived past, present, and future control and adjustment to stressful life events[J]. Journal of Personality and Social Psychology, 100 (4): 749-765.

Hayes A F. 2009. Beyond Baron and Kenny: statistical mediation analysis in the new millennium[J]. Communication Monographs, 76 (4): 408-420.

Holak S L, Havlena W J. 1998. Feelings, fantasies, and memories: an examination of the emotional components of nostalgia[J]. Journal of Business Research, 42 (3): 217-226.

Holmes T H, Rahe R H. 1967. The social readjustment rating scale[J]. Journal of Psychosomatic Research, 11 (2): 213-218.

Keinan G. 2002. The effects of stress and desire for control on superstitious behavior[J]. Personality and Social Psychology Bulletin, 28 (1): 102-108.

Keller R T. 1984. The role of performance and absenteeism in the prediction of turnover[J]. Academy of Management Journal, 27 (1): 176-183.

Krohne H W. 1993. Attention and Avoidance: Strategies in Coping with Aversiveness[M]. Seattle: Hogrefe & Huber Publishers.

Lachman M E. 1986. Locus of control in aging research: a case for multidimensional and domain-specific assessment[J]. Psychology and Aging, 1 (1): 34-40.

Lachman M E, Weaver S L. 1998. The sense of control as a moderator of social class differences in health and well-being[J]. Journal of Personality and Social Psychology, 74 (3): 763-773.

Lee K, Kim H, Vohs K D. 2011. Stereotype threat in the marketplace: consumer anxiety and purchase intentions[J]. Journal of Consumer Research, 38 (2): 343-357.

Loveland K E, Smeesters D, Mandel N. 2010. Still preoccupied with 1995: the need to belong and preference for nostalgic products[J]. Journal of Consumer Research, 37（3）: 393-408.

Luce M F. 1998. Choosing to avoid: coping with negatively emotion-laden consumer decisions[J]. Journal of Consumer Research, 24（4）: 409-433.

Mick D G, Fournier S. 1998. Paradoxes of technology: consumer cognizance, emotions, and coping strategies[J]. Journal of Consumer Research, 25（2）: 123-143.

Muehling D D, Sprott D E. 2004. The power of reflection: an empirical examination of nostalgia advertising effects[J]. Journal of Advertising, 33（3）: 25-35.

Raghunathan R, Pham M T. 1999. All negative moods are not equal: motivational influences of anxiety and sadness on decision making[J]. Organizational Behavior and Human Decision Processes, 79（1）: 56-77.

Rindfleisch A, Burroughs J E, Denton F. 1997. Family structure, materialism, and compulsive consumption[J]. Journal of Consumer Research, 23（4）: 312-325.

Rodin J. 1986. Aging and health: effects of the sense of control[J]. Science, 233（4770）: 1271-1276.

Rodin J, Timko C, Harris S. 1985. The construct of control: biological and psychosocial correlates[J]. Annual Review of Gerontology and Geriatrics, 5（1）: 3-55.

Routledge C, Arndt J, Sedikides C, et al. 2008. A blast from the past: the terror management function of nostalgia[J]. Journal of Experimental Social Psychology, 44（1）: 132-140.

Schwartz B. 2004. The Paradox of Choice: Why More is Less[M]. New York: Harper Collins.

Schwarz N. 1990. Feelings as information: informational and motivational functions of affective states[C]//Higgins E T, Sorrentino R M. Handbook of Motivation and Cognition: Foundations of Social Behavior. New York: Guilford Press: 527-561.

Schwarz N, Clore G. 1983. Mood, misattribution, and judgments of well-being: informative and directive functions of affective states[J]. Journal of Personality and Social Psychology, 45（3）: 513-523.

Schwarz N, Clore G. 2007. Feelings and phenomenal experiences[C]//Kruglanski A W, Higgins E T. Social Psychology: Handbook of Basic Principles. New York: The Guilford Press: 385-407.

Seligman M E P. 1975. Helplessness: on Depression, Development, and Death[M]. San Francisco: Freeman.

Thoits P A. 1995. Stress, coping, and social support processes: where are we? What next?[J]. Journal of Health and Social Behavior, extra issue:53-79.

van Tilburg W A P, Igou E R, Sedikides C. 2013. In search of meaningfulness: nostalgia as an antidote to boredom[J]. Emotion, 13 (3): 450-461.

Viswanathan M, Rosa J A, Harris J E. 2005. Decision making and coping of functionally illiterate consumers and some implications for marketing management[J]. Journal of Marketing, 69 (1): 15-31.

Walker W R, Vogl R J, Thompson C P. 1997. Autobiographical memory: unpleasantness fades faster than pleasantness over time[J]. Applied Cognitive Psychology, 11 (5): 399-413.

Whalen P J. 1998. Fear, vigilance, and ambiguity: initial neuroimaging studies of the human amygdala[J]. Current Directions in Psychological Science, 7 (6): 177-188.

Wildschut T, Sedikides C, Arndt J, et al. 2006. Nostalgia: content, triggers, functions[J]. Journal of Personality and Social Psychology, 91 (5): 975-993.

Yi S, Baumgartner H. 2004. Coping with negative emotions in purchase-related situations[J]. Journal of Consumer Psychology, 14 (3): 303-317.

Zhou L, Wang T, Zhang Q, et al. 2013. Consumer insecurity and preference for nostalgic products: evidence from China[J]. Journal of Business Research, 66 (12): 2406-2411.

Zhou X, Sedikides C, Wildschut T, et al. 2008. Counteracting loneliness: on the restorative function of nostalgia[J]. Psychological Science, 19 (10): 1023-1029.

第四章　怀旧营销成败的影响因素
——孤独感

2022年，一档与青年偶像选秀节目截然不同的逆龄女团选秀综艺《乘风破浪的姐姐》爆红网络，引发了一大波回忆杀。其中，最为出圈的就是引发怀旧热潮的王心凌，其舞台表演的经典代表作《爱你》一经播出就炸出了大量中年男粉，唤醒了粉丝们对青春的无限回忆。从24小时网络初舞台热度榜单来看，王心凌以46.34的热度指数，远超了第二名的成绩，断崖式领先，而且霸屏热搜。与此同时，"王心凌男孩"的热梗也迅速火遍全网，并登榜上海《语言文字周报》2022年"十大网络热议语"。

除此以外，《乘风破浪的姐姐》邀请的其他嘉宾也都是1990年之前出生的姐姐辈女艺人——《神话》的"三美"主演、《快乐大本营》的主持人吴昕、《时间煮雨》等知名歌曲的演唱者郁可唯……与初出茅庐的青年女团嘉宾不同，姐姐们最盛的花期添加了一层时间的滤镜，让观众们梦回过往，使得节目自带热度。

不只是综艺，许多其他怀旧产品都曾给消费者带来"DNA动了"的感觉，而这种趋势在人际隔离的后疫情时代尤为明显。隔离在家无法与朋友们相处的时候，重温老剧似乎成为一种消解寂寞的愉快途径——《武林外传》《家有儿女》《上海滩》……一位作家提出，一个人在家的午后，在社交网站上与朋友互动后，强烈地想出去买儿时最爱的旺旺碎冰冰，这是她多年来从未想过的夏日美食。也有年轻人在采访中提到，在职场受到同事的排斥后，下班漫步在小时候常走的街巷里，吃到老字号商铺的糕点，忽然就感到了慰藉和温暖。是什么启动了对童年最爱的渴望？消费怀旧产品是否有助于缓解孤独感带来的负面感受？

不少研究表明，怀旧产品在一些情境下会更受欢迎，其中归属需求就是一种强烈的驱动力。在归属成为相关驱动力的所有情况下，个人对怀旧产品的偏好都会增加。当人们处于孤独、社会排斥等威胁归属感的负面状态时，购买以前流行的产品可以帮助人们感觉与过去对他们重要的人物重新建立了联系，从而带来对抗孤独的能量。

第一节　孤独与应对机制

孤独是一种心理状态，其特征是一系列令人不安的情绪和认知，如不快、悲观、自责和抑郁（Cacioppo and Hawkley，2005）。人类是社会性动物，感受社会联系的强烈驱动力深藏在人类的基因里，Baumeister和Leary（1995）认为，试图与他人建立和保持强烈的情感纽带可以解释各种各样的人类行为。个体有归属的基本需求（Baumeister and Leary，1995），在压力或威胁的环境下，个人往往依赖社会关系来获得亲密和保护，而那些拥有强大社会关系的人会体验到更好的心理和身体健康（Cohen and Wills，1985）。与此相对，孤独则与社会支持的缺乏有关（Cacioppo et al.，2006），当人们拥有的社会关系的数量和质量无法达到期望的水平时，就会产生孤独的状态（Archibald et al.，1995）。此外，社交网络并不是一成不变的。有价值的社会关系的恶化或分离，往往会带来生活的转变，使个人感到漂泊和孤独。

孤独的痛苦不必多说，为了补充社会联系缺失带来的心理资源匮乏，人们会启动一系列补偿策略。社会测量假说（Leary et al.，1995）提出，人们有保持稳定归属感水平的需求，因此，个体会不断监控他人对自己行为的反应，如果察觉到拒绝或排斥的证据，就会体验到较低水平的归属感和自尊，这又会导致他们试图通过各种补偿策略将归属感恢复到先前的水平（Gardner et al.，2005）。例如，被社会排斥的个体往往对人际暗示更敏感（Pickett et al.，2004），并且可能会寻求建立新的社会纽带的方法（Maner et al.，2007）。他们甚至会观看最喜欢的当代或怀旧电视节目（Derrick et al.，2009），通过与熟悉的和喜欢的角色建立联系感来恢复归属感（Russell et al.，2004）。

对此，Gardner等（2005）区分了直接和间接的补偿机制和策略。在有合适的互动伙伴时，人们倾向于直接与这些人建立或修复关系。例如，研究表明，遭受排斥的参与者在随后的集体任务中会付出更多的努力，从社会网络中寻求支持以缓解孤独感（Asher and Paquette，2003）。但社会支持的获取往往受到个体（如害羞、社交技能差）和情境（如搬迁、移民）因素的阻碍，考虑到这些问题的困难，个体往往难以直接应对孤独，即通过形成社会网络或扩大现有社会网络来加强自己的社会支持。当没有合适的互动伙伴时，人们就会使用间接策略，依赖一些可以作为社会纽带的心理表征，从中汲取类似社会联系的能量。

考虑到孤独的普遍性和消极影响，学界对此做出了广泛的研究，但现有的文献较少将孤独与怀旧关联起来。孤独的个体对社会支持的感知增强会产生什么后果？人们是否可以通过怀旧来应对孤独？这背后的机制如何？从人格心理学的角度来看，还有哪些其他相关的个体差异变量可能会影响二者的关联？我们提出，怀旧可以作为一种间接策略来加强社会联系，削弱孤独带来的负面影响。在怀旧的遐想中，通过重新点燃有意义的关系，怀旧加强了社会纽带，并呈现出可访问的积极关系（Baldwin et al.，1996）。个体过去人生中的重要人物被重新赋予了生命，并成为他现在的一部分（Davis，1979）。为此，我们特别研究了怀旧产品在满足个人归属感需求方面所扮演的角色，探索了个人通过消费怀旧产品来满足归属需求的可能性。

第二节 孤独激发怀旧消费的心理机制

人类有强烈的驱动力来建立和维持持久的、积极的人际关系，而怀旧产品消费就有助于实现这一需求。通过消费怀旧的产品或品牌，消费者可以重新与他们的过去及一起消费这些产品的社区建立联系（Brown et al.，2003）。因此，怀旧产品为怀旧思想提供了载体，从而能够帮助人们创建与过去的有形联系。例如，使个体与以前的朋友感觉更亲密的一个方法就是消费在友谊期间流行的音乐、电影或其他产品。广告领域的研究也表明，当广告鼓励人们回忆过去的经历时，人们的积极状态得到增强并提升了广告的效果（Sujan et al.，1993）。因为归属的需要是人类行为的强烈驱动力，当个体拥有积极的归属需要时，就会强烈渴望与他人联系，而怀旧的产品提供了一种重新联系的载体。因此，我们有理由推断，积极的归属需要会增加人们对怀旧产品的偏好。

H4-1：拥有积极归属需要的个体会更偏爱怀旧产品而非当代产品。

归属需要可以通过各种威胁性的方式被激活，从而影响怀旧产品偏好。

Wildschut等（2006）和Routledge等（2008）都认为，个人在孤独或死亡突出时更容易怀旧，因为怀旧恢复了社会联系感。此外，排斥也是威胁归属感的一种手段（Leary et al.，1995）。在社交互动中被排斥的个体，即使是在虚拟环境中，报告的归属感水平、自尊心和存在意义也更低（Williams et al.，2000），从而需要重新连接和恢复足够的归属感（Leary et al.，1995），他们可能会通过消费怀旧产品来实现这一点。因此，我们提出以下假设。

H4-2a： 与未被社会排斥的个体相比，被社会排斥的个体对怀旧产品的偏好更强烈。

H4-2b： 归属感需求在社会排斥与怀旧产品偏好之间起中介作用。

归属需要和怀旧的联系也可以通过非威胁性的方式被激活。当相互依赖的自我被激活时，虽然归属感没有受到明确的威胁，但归属需要仍然成了一个突出的目标，个人也会体验到对怀旧产品的偏好。对自我和同一性的研究表明，独立的自我和相互依赖的自我构成了自我的明显不同的方面，具有不同的关系焦点和目标（Markus and Kitayama，1991）。独立的自我是指让一个人从人群中脱颖而出的自我方面（Brewer and Gardner，1993）。相互依赖的自我是指与他人联系的自我方面（Markus and Kitayama，1991）。激活不同的自我，如独立的自我和相互依赖的自我，可以影响消费者的判断和行为（Aaker and Lee，2001）。因为独立的自我更关注个人的自我效能，与他人联系的需求并不是主要的关注点。因此，当独立的自我活跃时，我们不会期望怀旧产品所提供的社会联系为消费者提供任何额外价值。另外，由于相互依赖的自我更关心归属和融入，当它被激活时，与他人联系的需求就变得更重要。因此，我们预计，当相互依赖的自我被激活时，消费者会感到更高的归属感需求，这将导致他们寻求增强社会归属感的手段，从而对怀旧产品产生更强烈的兴趣。根据上述讨论，我们提出：

H4-3a： 当相互依赖的自我而非独立的自我被激活时，个人会对怀旧产品表现出更强烈的偏好。

H4-3b： 归属需要在激活自我与怀旧产品偏好之间起中介作用。

那么，消费怀旧产品是否真的能恢复一个人的归属感水平呢？依据社会测量假说（Leary et al.，1995），怀旧产品能够成功地增强归属感，并使个人回到归属感的平衡状态。因为怀旧回忆往往在效价上是积极的，并且涉及与亲密他人的互动，所以消费怀旧产品可以让消费者重新连接到他们的过去及一起消费这些产品的社区（Brown et al.，2003），增加一个人的社会支持感知水平，从而减少孤独感（Zhou et al.，2008）。因此，我们提出：

H4-4：在归属感需求被激活的个体中，怀旧产品的消费会减少或消除归属感需求。

第三节 孤独与怀旧消费的关系分析

我们通过五项研究来分析孤独与怀旧消费的关系。研究1a和1b测试了社会排斥对不同产品类别中怀旧产品和当代产品选择的影响（H4-2a），同时也测试了归属需要的中介作用（H4-1和H4-2b）。研究2测试了激活相互依赖的自我（相对于独立的自我）对怀旧电影和汽车偏好的影响（H4-3a），同时也检查了归属需要的中介作用（H4-1和H4-3b）。研究3再次验证了研究1a和1b的结果，并调查了怀旧产品的恢复功能，还特别关注了怀旧产品的选择和消费对恢复归属感的影响（H4-4）。研究4重复了研究3的结果，同时验证了对先前结果的其他解释。

研究1 社会排斥对怀旧产品消费的影响及归属需要的中介作用

研究1a和1b有两个主要目的，一是检验社会排斥是否会增加人们对怀旧产品的消费兴趣，二是检验归属需要对于社会排斥增强怀旧产品偏好的中介作用。

（一）研究1a：学生群体效应检验

在荷兰一所大学招募了136名本科生（74名女性，62名男性；平均年龄21.7岁）参与。研究人员将被试随机分配到排斥条件、纳入条件或控制条件，并告知他们将参与几个不相关的任务。第一个任务是网络球游戏（Williams et al.，2000），被试坐在不同隔间的电脑前，从电脑指示得知自己正在参与一项关于心理可视化和任务表现之间关系的研究，而该研究将通过一项名为网络球的四人网络抛球游戏进行测试。屏幕上有三个"赛博球"图标，代表其他三个表面上的玩家，屏幕底部有一只动画手，代表被试。被试不知道其他玩家的信息（实际上是虚构的），并被告知他们永远不会见到这些人。这场游戏共有32次投球，研究人员通过编程抛给参与者的球的数量来操作排斥和包含的水平。在排斥条件下，参与者在游戏开始时从虚拟的同伴处接到三次球,然后再也不会接到。在纳入条件下,参与者得到四分之一的投掷。在控制条件下,参与者不需要玩电子球游戏。

接下来,通过三种手段衡量被试的归属需要。第一,被试完成了一份社会支持问卷,列出了他们可以依靠的人的名字,用来衡量他们的社会网络规模和对这个网络的满意度,标准为:①在他们需要交谈时倾听他们;②在金融危机中帮助他们;③在需要时是可靠的;④在他们心烦时安慰他们(Mandel,2003)。第二,他们完成了归属的内隐测量(DeMarree et al.,2005)。实验人员告诉参与者,这项任务是对无意识语言感知的测量,一个单词会在屏幕上快速闪现,以至于他们无法有意识地感知它。实验者还告诉他们,无意识的人能够感知闪现的单词,如果他们选择的单词的意思与闪现单词时他们所经历的感觉相似,他们的潜意识会指导他们的决定。试验开始时,由持续2 000毫秒的星号作为提醒注意力集中的定向刺激,然后是目标单词的潜意识呈现(17毫秒)。这些单词实际上是非单词字母串(例如,"belumin"),但在外观上与目标单词相似(例如,belong、belief、below和belated)。在75毫秒的时间里,被试会看到一系列掩码覆盖单词,然后在四个关键的回答选项中做出选择。试验总共有12组,其中一半是目标试验,即四个反应选项中的一个是与归属有关的词(如归属、一起、公共),另一半则是填充试验。不同的试验中,与归属相关的单词的位置被轮换,而试验的顺序对每个参与者也是随机的。第三,参与者了完成10项归属需要量表(Leary et al.,2013)。参与者在1(完全没有)到5(非常)的范围内对每个项目的符合程度进行打分,量表项目包括"我希望别人接受我","当我没有被包括在别人的计划中时,我很困扰",以及"我努力不做会让别人避免或拒绝我的事情"。

最后,参与者在不同的产品类别中完成了怀旧和非怀旧品牌的选择。怀旧品牌是过去和现在很受欢迎的品牌,而非怀旧品牌是现在很受欢迎但在过去不那么受欢迎或过去不存在的品牌,具体品牌如下:曲奇(怀旧品牌:LU Prince和Peijnenburg;非怀旧品牌:Nabisco Oreo和Sultana),咸饼干(怀旧品牌:Bolletje和LU Cracottes;非怀旧品牌:AH Biscottes和LU Vitalu),沐浴露(怀旧品牌:Fa和Nivea;非怀旧品牌:Dove和Sanex)、汤(怀旧品牌:Knorr和Unox;非怀旧品牌:Cup-a-Soup和Honig),以及糖果(怀旧品牌:Fruittella和Napoleon Lempur;非怀旧品牌:Chupa Chups和Redband Fruitsleutels)。参与者还在汽车类别中选择了最想驾驶的汽车,其中包括两辆怀旧设计的汽车,它们精准地指的是过去的(Volkswagen Beetle和Mini Cooper)和两款新设计的汽车(Volkswagen Gold和Smart Car)。

所有刺激都经过了5分制的预先测试，以确保它们都一样受欢迎，但是否会让参与者回忆起过去，引发怀旧情绪，则有所不同。具体来说，所有怀旧品牌的总喜爱度（$\alpha=0.79$）与所有非怀旧品牌的总喜爱度（$\alpha=0.76$；$M_{怀旧}=3.62$，$M_{非怀旧}=3.74$；$t(41)=0.67$，$p>0.51$）无明显差异。更重要的是，怀旧品牌（$\alpha=0.85$）比非怀旧品牌更能让参与者回忆起过去（$\alpha=0.78$；$M_{怀旧}=3.86$，$M_{非怀旧}=2.04$；$t(41)=4.77$，$p<0.001$），进一步地，怀旧品牌（$\alpha=0.80$）比非怀旧品牌（$\alpha=0.82$；$M_{怀旧}=3.42$，$M_{非怀旧}=1.98$；$t(41)=4.18$，$p<0.001$）更能够引发怀旧情绪。同样的影响也发生在每个产品类别中。

然后，参与者完成了积极和消极情绪量表（positive affect and negative affect scale，PANAS）（Watson et al.，1988）。PANAS评分显示，社会排斥对整体积极或消极情绪没有影响（$F's<1.68$, $p>0.20$）。参与者还填写了Rosenberg（1965）10项自尊量表（$\alpha=0.78$），这也不受操纵的影响（$F<1$, $p>0.74$）。PANAS和自尊问卷在所有其他研究中也没有显示出任何影响。最后，一份实验后调查问卷显示，参与者没有对研究的目的或后续任何研究各阶段之间的相关性产生怀疑。

研究结果表明，社会排斥会影响被试的产品选择，排斥条件下的参与者比纳入条件下的参与者更倾向于选择怀旧产品，具体结果为，曲奇：71% vs. 48%，$\chi^2(1)=5.10$, $p<0.03$；咸饼干：64% vs. 43%，$\chi^2(1)=4.08$, $p<0.04$；沐浴露：68% vs. 50%，$\chi^2(1)=3,70$, $p<0.05$；汤：64% vs. 46%，$\chi^2(1)=3.27$, $p<0.07$；糖果：62% vs. 36%，$\chi^2(1)=6.02$. $p<0.02$；汽车：58% vs. 36%，$\chi^2(1)=4.13$, $p<0.05$。控制条件下的结果为：曲奇：71% vs. 47%，$\chi^2(1)=5.67$, $p<0.02$；咸饼干：64% vs. 40%，$\chi^2(1)=5.37$, $p=0.02$；沐浴露：68% vs. 45%，$\chi^2(1)=5.55$, $p<0.02$；汤：64% vs. 45%，$\chi^2(1)=3.65$, $p=0.05$；糖果：62% vs. 34%，$\chi^2(1)=7.41$, $p<0.01$；汽车：58% vs. 40%，$\chi^2(1)=3.38$, $p=0.06$。纳入条件和对照条件下的参与者在怀旧产品选择上没有显著差异（所有$\chi^2(1)<0.26$，$ps>0.61$）。

接下来，我们考察了三种测量中社会排斥对归属需要的影响程度。结果显示，社会排斥对内隐测量任务中归属相关词的选择（$F(2,133)=3.38$, $p<0.04$）、社会支持量表中亲近他人的列出（$F(2,133)=6.68$, $p<0.01$），以及归属需要量表（$F(2,133)=4.80$, $p=0.01$）的填写都存在显著影响。具体而言，排除条件（$M=2.82$）的参与者高于纳入条件（$M=1.86$；$F(1,133)=5.82$, $p<0.02$）和对照条件（$M=2.02$；$F(1,133)=4.20$, $p<0.05$），而后两种条件之间差异不显著（$F(1,133)=0.16$, $p>0.68$）。对社会支持量表中亲近他人的列出而言，排除条件下的参与者（$M=6.48$）同样高于纳入条件下的参与者（$M=5.11$；$F(1, 133)=7.03$，$p<0.01$）和控制条件（$M=4.76$；$F(1, 133)=12.30$，$p<0.01$）下的参与者。后两种情况无显著性差异（$F(1, 133)=0.65$，$p>0.42$）。最后，排除条件下的参与者（$M=3.96$）在归属需要量表上的得分也高于包容条件下的参与者（$M=3.04$；$F(1, 133)=8.40$，$p<0.02$）和对照条件（$M=3.20$；$F(1, 133)=5.78$，$p<0.02$）下的参与者，而后两种条件之间差异不显著（$F(1, 133)=0.29$，$p>0.59$）。

总之，这些结果与H4-2b一致：排斥条件下的参与者比纳入条件或控制条件下的参与者表现出更强的归属需求。因为三个目标归属指标高度相关（$\alpha=0.80$），我们创建了一个复合的归属需要指数作为中介。我们还创建了一个一般的怀旧选择指数，总结每个参与者在六个类别中怀旧产品选择的总数（范围从0到6）。Sobel检验证实，归属感需求在社会排斥对怀旧选择指数的影响中起中介作用（$z=2.67$，$p<0.01$）。单独的中介分析显示，归属需求在社会排斥对每个类别的怀旧选择的影响里起中介作用：曲奇（$z=2.53$，$p<0.01$），糖果（$z=1.93$，$p<0.05$），汤（$z=2.34$，$p<0.05$），咸饼干（$z=2.28$，$p<0.05$），沐浴露（$z=2.54$，$p<0.01$），汽车（$z=2.16$，$p<0.05$）。这一分析证明，拥有归属感积极目标的人会比没有这样目标的人对怀旧产品表现出更强烈的偏好，归属感需求在社会排斥和怀旧产品偏好之间起中介作用。

（二）研究1b　非学生人群中的效应检验

从荷兰的网络人群中招募了63名非学生样本来重复研究1a的结果（女33人，男30人；平均年龄42.6岁，范围35~47岁）。同样，参与者被随机分配到排斥组、纳入组或对照组。我们使用了Twenge等（2001）开发的孤独生活-预后范式的改编版本，参与者回答一份性格问卷，接受其内向或外向的性格反馈，并接受与他们的状况有关的三种额外形式的虚假反馈之一：未来孤独（排斥条件），未来归属（纳入条件）和不幸控制（负反馈控制条件）。在未来孤独的情况下，参与者得到的反馈是，他们可能会在以后的生活中孤独终老。相比之下，未来归属感的参与者得到的反馈是，他们会在50岁后保持或发展稳定、有益的关系。不幸控制参与者得到的反馈是，他们在50岁之后会越来越容易发生事故。我们加入了不幸控制条件，以确定对怀旧产品选择的影响是否可能仅仅是由于负面威胁，而不是特定的归属威胁。接下来，参与者完成PANAS情绪测试（Watson et al., 1988），结果显示不同组别的被试情绪无显著差异（$Fs < 1$，$ps > 0.64$）。然后，参与者完成了与研究1a中相同的归属需要量表。最后，他们从两款怀旧车（Volkswagen Beetle和Mini Cooper）和两款新设计的汽车（Volkswagen Gold和Smart Car）中选出自己最喜欢的车。在完成实验问卷后，我们告知被试，实验中关于他们性格的描述分析是真实的，但关于50岁之后的未来是随机分配的描述，以减轻实验操作可能带来的心理影响。参与者必须通过点击复选框来表明他们完全理解这些操作是随机分配的，没有真实的依据。

就怀旧选择而言，逻辑回归显示，社会排斥对怀旧车辆的选择有显著影响（$\chi^2(2)=6.13$，$p<0.05$），未来孤独组的参与者比未来归属组的参与者更有可能选择怀旧款的汽车（69.6% vs. 36.8%，$\chi^2(1)=4.57$，$p<0.04$），也比不幸控制条件更有可能选择怀旧款的汽车（69.6% vs. 38.1%，$\chi^2(1)=4.45$，$p<0.04$）。未来归属与不幸控制条件则没有显著差异（$\chi^2(1)=4.57$，$p>0.93$）。就归属需要而言，单因素方差分析显示，社会排斥对归属需要同样有显著影响（$\alpha=0.84$；$F(2,60)=4.70$，$p<0.02$）。未来孤独组的归属感需求高于未来归属组（$M=3.52$ vs. $M=2.68$；$F(1,60)=8.48$，$p<0.01$）和不幸控制组（$M=3.52$ vs. $M=2.90$；$F(1,60)=4.85$，$p<0.04$）。未来归属组和不幸控制组的归属需要差异不显著（$F(2,60)=0.56$，$p=0.45$）。社会排斥对被试的积极情感和消极情感水平没有显著影响。

中介分析证实，归属需要在社会排斥对怀旧选择的影响中起到中介作用（图4-1）。我们使用Preacher和Hayes（2004）改编的SPSS中介宏来分析结果，第一个回归分析表明，社会排斥对怀旧选择有显著影响（$\beta=0.26$，$t(61)=2.08$，$p<0.05$）。第二次回归表明，社会排斥对归属感需求有显著影响（$\beta=0.27$，$t(61)=2.20$，$p<0.05$）。最后，在回归中同时加入归属需要和社会排斥，结果表明归属需要对怀旧选择有显著影响（$\beta=0.69$，$t(60)=3.45$，$p<0.01$），而社会排斥对怀旧选择的影响消失了（$\beta=0.08$，$t(60)=1.34$，$p=0.18$）。Sobel分析证实了这种作用（$z=1.96$，$p=0.05$）。

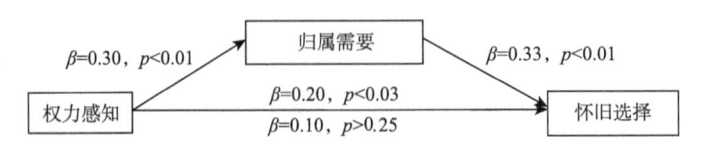

图 4-1 中介效应检验模型

研究1a和1b的结果提供了一些重要的见解。首先，这些结果初步证明，与现代产品相比，被社会排斥的个体对怀旧产品的偏好增加，这种效应在享乐食品（饼干和糖果）、沐浴露和汽车等各种产品类别中都广泛存在。此外，我们结合显性和隐性的多种测量方式，证明归属需要在社会排斥和怀旧产品偏好的影响过程中起中介作用。具体来说，社会排斥条件下的参与者比社会纳入条件和控制条件下的参与者有更大的归属需求，这种归属需求推动了对怀旧产品的偏好。尽管唤起怀旧感觉的物品和情境通常随着年龄的不同而有所区别（Batcho，1995），与怀旧有关的产品和品位存在代际差异，但通过在研究1b中对年龄较大的非学生人群进行同样的实验，我们复制了在研究1a中的发现，证明怀旧产品满足了固有的归属感需求，而这种需求超越了年龄或代际的界限。

对于我们在研究1a和1b中的结果，另一种可能的解释是，感觉被排斥的人只是想消费本质上被视为社交的产品，如饼干和糖果（可能在社交环境中被使用）或汽车（可能是为了展示社会地位而购买的）。然而，研究中广泛使用的产品类别（包括通常单独使用的沐浴露）排除这种潜在的解释。虽然这些研究迈出了重要的第一步，证明了当归属需要成为目标时，怀旧产品更受欢迎，但当归属感需求以一种不具威胁性的方式被激活时，建立这种关系也很重要。早期的研究表明，怀旧倾向通常会因孤独而增加（Wildschut et al.，2006）。因此，可以认为我们在研究1a和1b中的发现是由于社会排斥造成的孤独感，因此只是先前研究的复制（Wildschut et al.，2006）。

研究2　以非威胁性方式激活的归属需要对怀旧产品的偏好影响

研究2的目的是复制和扩展我们之前的结果，检查以非威胁性方式激活的归属目标是否也会导致对怀旧产品的偏好。我们在荷兰一所大学招募了40名本科生（26名女性，17名男性；平均年龄24.1岁）。参与者各自坐在隔音隔间后，他们被随机分配到独立或相互依赖的自我建构状态。为了操纵这些条件，我们使用了一个关于苏美尔战士的故事（Ahluwalia，2008），故事中，一位名叫Sostaras的战士必须为即将到来的战斗选择一名将军。在独立的自我条件下，故事强调了Sostaras自己的利益，Sostaras选择了一位有才能的将军。在相互依赖的条件下，故事强调了Sostaras的家庭的利益，Sostaras选择了一名家庭成员。然后，参与者用三种回答选项（是、否或不确定）来表明他们是否欣赏Sostaras。

接下来，参与者完成了几个关于当前和怀旧的电影、汽车和电视节目的选择任务。他们首先从20部电影中选择10部购买：10部过去很受欢迎的怀旧电影（如《泰坦尼克号》《黑衣人》《木乃伊》）和10部当前的电影（如《加勒比海盗：世界尽头》《蜘蛛侠3》《达·芬奇密码》等）。我们事先对这些电影进行了测试，结果表明，人们在自然状态下对于这些怀旧电影与非怀旧电影的喜爱程度没有差异（$M_{怀旧}$=3.71，$M_{非怀旧}$=3.93；$t(19)$=1.02，$p>0.32$），对于它们包含社会内容的程度感知也没有差异（$M_{怀旧}$=3.21，$M_{非怀旧}$=3.35；$t(19)$=0.54，$p>0.59$）。与预期一致，观看怀旧电影的被试比观看非怀旧电影的被试更多地回忆起过去（$M_{怀旧}$=4.01，$M_{非怀旧}$=3.07；$t(19)$=3.40，$p<0.01$），怀旧情绪更强（$M_{怀旧}$=3.69，$M_{非怀旧}$=2.14；$t(19)$=3.82，$p<0.01$）。接下来，参与者完成了在研究1a和1b中同样使用的汽车选择任务，并从四部预先经过测试的电视节目（两部90年代的荷兰怀旧节目和两部当代荷兰节目）中选择了喜欢的视频片段，在实验结束时观看。与电影一样，预测显示怀旧剧与非怀旧剧在人们的喜好方面没有差异（$M_{怀旧}$=3.17，$M_{非怀旧}$=3.42；$t(19)$=0.63，$p>0.54$），对于它们包含社会内容的程度感知也没有差异（$M_{怀旧}$=3.58，$M_{非怀旧}$=3.71；$t(19)$=2.86，$p>0.71$）。怀旧电影比非怀旧电影更能让参与者回忆起过去（$M_{怀旧}$=3.89，$M_{非怀旧}$=3.23；$t(19)$=2.86，$p<0.01$），也引发了更强的怀旧情绪（$M_{怀旧}$=3.88，$M_{非怀旧}$=2.79；$t(19)$=3.53，$p<0.02$）。在完成这些选择任务后，参与者完成了社会支持问卷（Sarason et al., 1983）和内隐归属需要测量（DeMarree et al., 2005）。最后，为了对自我建构的操纵效果进行检验，参与者完成了10个以"我是……"开头的陈述（Kuhn and McPartland，1954），这个任务以前被用来测量相互依赖的自我认知和独立的自我认知（Mandel，2003）。与之前的研究一致，我们的分析显示，相互依赖的自我被启动的参与者比独立的自我被启动的参与者写下了更多的群体导向的陈述（$M_{依赖自我}$=5.24 vs. $M_{独立自我}$=1.09；$F(1,41)$=44.15，$p<0.01$）。

对于怀旧品牌选择而言，我们发现自我建构显著影响了怀旧电影、汽车和电视节目的选择。与独立自我启动的参与者相比，相互依赖的自我启动的参与者选择了更多的怀旧电影（$M_{依赖自我}$=5.71 vs. $M_{独立自我}$=4.59；$F(1,41)$=4.98，$p<0.05$），更倾向于选择怀旧的车（62% vs. 27%，$\chi^2(1)$=4.99，$p<0.05$）和电视节目（71% vs. 39%，$\chi^2(1)$=3.91，$p<0.05$）。自我建构对于归属需要也有显著的影响。我们对社会支持测量和内隐归属感测量进行方差分析，结果显示，与独立自我启动的参与者相比，相互依赖自我启动的被试列出了更多亲密的其他人（$M_{依赖自我}$=6.19 vs. $M_{独立自我}$=5.95；$t(41)$=2.12，$p=0.04$），选择了更多的归属相关词汇（$M_{依赖自我}$=2.77 vs. $M_{独立自我}$=1.90；$t(41)$=2.21，$p<0.04$）。这些发现表明，当相互依赖的自我在记忆中被激活时，归属感和社会联系变得更加相关。

因为两项归属需要的测量是高度相关的（$r=0.89$，$p<0.001$），我们汇总了两种测量的标准化值，并使用这个新指数（Baron and Kenny，1986），通过Preacher和Hayes（2004）改编的SPSS宏进行二进制结果分析。第一个独立回归结果显示，自我建构对怀旧电影选择（$\beta=0.25$，$t(41)=2.23$，$p<0.05$）、怀旧汽车选择（$\beta=0.30$，$t(41)=3.07$，$p<0.05$）、怀旧电视节目选择（$\beta=0.35$，$t(41)=2.38$，$p<0.05$）有显著影响。第二次回归表明，自我建构显著影响中介（$\beta=0.33$，$t(41)=2.24$，$p<0.05$）。最后，另一组独立进行的回归，其中自我建构和中介同时进入，揭示了目标归属中介显著影响怀旧电影选择（$\beta=0.67$，$t(40)=5.72$，$p<0.001$）、怀旧汽车选择（$\beta=0.46$，$t(40)=3.27$，$p<0.01$）、怀旧电视节目选择（$\beta=0.60$，$t(40)=4.62$，$p<0.001$）。自我建构对怀旧电影选择（$\beta=0.11$，$t(40)=0.92$，$p>0.36$）、怀旧汽车选择（$\beta=0.20$，$t(40)=1.42$，$p>0.16$）、怀旧电视节目的选择（$\beta=0.11$，$t(40)=0.86$，$p>0.39$）的影响显著减弱。Sobel测试表明，目标归属测量在三个产品选择任务中中介了自我建构的效果：怀旧电影选择（$z=2.06$，$p<0.05$）、怀旧汽车选择（$z=1.80$，$p=0.07$）、怀旧电视节目选择（$z=1.98$，$p<0.05$）。

研究2使用不同的归属目标（相互依赖的自我vs.独立的自我）和不同的依赖度量（电影、电视节目及汽车），扩展了研究1a和1b的结果。具体来说，在相互依赖的条件下，被试选择了更多怀旧的DVD，更有可能选择怀旧的车辆和怀旧的电视节目。这是一个重要的贡献，因为早期关于怀旧诱因的研究普遍发现，怀旧倾向与孤独等负面情绪有关，而我们的研究表明，当归属需要是一个积极的目标时，即使这个目标与自我威胁无关，一个人的归属感也没有受到威胁，怀旧产品仍然更受欢迎。

研究3　怀旧产品的消费是对归属需要的影响

研究3的目的是检验对一种怀旧产品的选择或消费是否真的满足了人们的归属需要。为了验证这一假设，我们测量了被试在三个时段的归属需要：接受社会排斥（纳入）操纵之后、在各种产品类别中做出产品选择之后，以及在消费怀旧产品之后，以此确定在产品选择与产品消费的过程中怀旧产品是否满足了归属需要。

我们招募了荷兰一所大学的94名本科生（51名女性，43名男性；平均年龄21.6岁）参与研究，采用2（网络球：排斥与纳入）×3（归属需要测量的时间：选择前与选择后与消费后）混合设计，网络球为被试间设计，每名被试都被随机分配到网络球游戏的排斥或纳入条件下,测量时间为被试内设计,所有被试都接受三个时间的归属需要测量。我们在被试到达实验室时告知他们,他们将坐在单独的隔间里参与几个不相关的任务。在玩完网络球游戏后,我们测量了被试的内隐归属需要。我们使用了与本章研究1和研究2相同的内隐归属感测量方法,被试接受了12个试验,每个试验中有一个与归属感相关的单词。在这三次测量中,每一个都使用了不同的与归属感相关的单词,以阻止参与者有意避免或选择他们在之前的测量中已经选择过的单词。所有词都是在广泛的预测试的基础上选择的。然后,参与者指出他们对于怀旧和当代产品的选择,产品种类涉及曲奇、糖果、汤和咸饼干,并接受了第二次内隐归属感测量。接下来,他们参加了一个饼干口味测试,所有的参与者都吃了一种怀旧品牌的饼干(LU Prince),这是他们从面前桌上提供的品牌饼干包装中取下的,我们告诉他们,我们想在未来的食物实验中使用饼干,而饼干的味道对我们很重要。最后,参与者完成了第三个内隐归属感测量。

结果显示,排斥条件下的参与者明显比纳入条件下的参与者更有可能选择怀旧产品:曲奇(76%vs.44%,$\chi^2(1)=10.44$,$p<0.01$)、糖果(69%vs.44%,$\chi^2(1)=6.45$,$p<0.02$)、汤(69%vs.39%,$\chi^2(1)=8.65$,$p<0.01$)和咸饼干(80%vs.42%,$\chi^2(1)=15.34$,$p<0.01$)。

归属需要测量时间的主效应同样显著($F(2,184)=13.35$,$p<0.01$),与选择任务前($M=2.43$)或选择任务后($M=2.33$)相比,参与者在消费怀旧饼干品牌后($M=1.51$)选择了更少的归属相关单词。社会排斥和归属需要测量时间之间存在显著的交互作用($F(2,184)=7.26$,$p<0.01$),排斥条件下的参与者比纳入条件下的参与者选择了更多与归属相关的单词,无论是在选择任务之前进行归属测量($M=2.89$vs.$M=1.79$;$F(1,92)=14.81$,$p<0.001$),还是选择任务后进行($M=2.83$vs.$M=1.85$;$F(1,92)=11.97$,$p<0.01$)。然而,排斥条件和纳入条件下的参与者在吃了怀旧饼干后,在归属需要方面的差异就消失了($M=1.33$vs.$M=1.68$;$F(1,92)=0.93$,$p>0.33$)。这些结果支持了我们的第四个假设,即消费怀旧产品会减少或消除归属需要。

与研究1a一样,我们通过对每个参与者在四个类别中怀旧产品选择的总数进行汇总,创建了一个一般的怀旧选择指数。中介分析显示,在选择任务之前或之后测量归属需要时,社会排斥对怀旧选择的影响具有中介作用(Sobel's $Z_{任务前}=3.06$,$p<0.01$;Sobel's $Z_{任务后}=2.92$,$p<0.01$)。单独的中介分析表明,在每个类别的选择任务前后,归属需要在社会排斥对怀旧选择的影响中也起中介作用:曲奇(Sobel's $Z_{任务前}=2.37$,$p<0.02$;Sobel's $Z_{任务后}=2.45$,

$p<0.05$），糖果（Sobel's $Z_{任务前}=2.61$，$p<0.01$；Sobel's $Z_{任务后}=2.48$，$p<0.05$），汤（Sobel's $Z_{任务前}=2.31$，$p<0.03$；Sobel's $Z_{任务后}=2.40$，$p<0.05$），咸饼干（Sobel's $Z_{任务前}=2.85$，$p<0.01$；Sobel's $Z_{任务后}=2.66$，$p<0.01$）。然而，在食用怀旧饼干后测量的归属需要并不能中介社会排斥对怀旧选择的影响，此时排斥组和纳入组的归属需要没有差异（$\beta=0.36$，$t(92)=0.97$，$p>0.33$）。

在研究3中，我们再次证明社会排斥会导致对怀旧产品偏好的增加，并且这种关系是由归属需求目标的激活所介导的。此外，通过比较排除条件下的参与者和纳入条件下的参与者，就多个时间点上选择的归属词数量而言，我们证明怀旧产品的消费成功地满足了归属需要。具体而言，排斥条件下的参与者选择了更多的归属词，这表明他们对归属概念的敏感性更高。然而，在吃了怀旧饼干后，排斥条件下的参与者选择的归属词数量与纳入条件下的参与者相似。同样，我们发现参与者在排斥操作之后和做出假设选择之后都继续追求归属目标，但在消费了真正的怀旧产品之后就没有了。这种结果模式与Chartrand等（2008）的结果一致，他们发现被无意识目标引导的参与者在做出假设选择后继续追求归属需要，但在做出真实选择后这种需求却消失了。

研究4 排除产品享乐性质和时间流逝的解释

研究4的目的是证明研究3的结果能够归因于消费产品的怀旧性质而非享乐性质或只是时间流逝，从而为我们的假设提供进一步的支持，即怀旧产品的消费成功地实现了归属需要。为此，在研究4中，我们让参与者吃两种类型的饼干：一种是怀旧的；一种是非怀旧的。如果研究3的结果可归因于饼干的享乐性质或仅仅是时间的流逝，我们预计，无论他们吃的是哪种类型的饼干，排斥条件下的参与者都会回到与纳入条件下的参与者相同的状态。然而，如果研究3的结果可归因于所吃饼干的怀旧性质，那么只有吃了怀旧饼干的被排斥的参与者应该恢复到与纳入条件下的参与者相同的状态，而吃非怀旧饼干的被排斥的参与者应该继续表现出对归属词的高度敏感，这表明归属的目标尚未实现。

我们招募了荷兰一所大学的72名本科生（35名女性，37名男性；平均年龄21.2岁），使用2（网络球：排斥与纳入）×2（消费项目：怀旧与非怀旧）×2（归属需要测量的时间：消费前与消费后）混合实验设计。网络球和消费项目为被试间设计，每名被试只会接受一种条件，归属需要测量时间为被试内设计，每名被试都完成消费前和消费后的归属需要测量。在玩完网络球游戏（排斥vs.纳入）后，参与者完成三项归属需要测量：归属的内隐测量（参看研究1a，研究2，研究3），归属需要量表（参见研究1a，研究1b），以及对过去的态度量表（Holbrook，1993）。在食用怀旧或非怀旧的饼干之前，我们从每个量表中随机选取一半的项目（包含5个归属需求量表项目（$\alpha=0.89$）和4个对过去的态度量表项目（$\alpha=0.92$））。然后，在第一组测试之后，所有参与者都被要求吃一些怀旧品牌（LU Prince）或非怀旧品牌（Nabisco Oreo）的小饼干，并对饼干的味道进行评分。在这个任务中，参与者的视线范围内始终放有饼干的品牌包装。然后，参与者进行了第二次内隐归属测量（使用不同的词语），并完成了归属需求和对过去的态度量表的其余项目，包含5个归属需求量表（$\alpha=0.86$）和4个对过去的态度量表（$\alpha=0.88$）。

我们以网络球（排斥与纳入）和消费项目（怀旧与非怀旧）作为被试间因素，测量时间（选择前vs.选择后）作为被试内部因素，内隐归属、归属需要、对过去的态度作为因变量，进行了三次混合方差分析。该分析揭示了社会排斥、消费项目和测量时间之间的显著三方交互作用（$F(1, 68)=9.53$，$p<0.01$）。然后，我们在参与者之间进行了2（网络球：排斥vs.纳入）×2（消费项目：怀旧vs.非怀旧）的方差分析。结果显示，在消费前进行测量时，排斥条件下的参与者（$M=3.06$）比纳入条件下的参与者选择了更多与归属相关的单词（$M=1.81$；$F(1, 68)=13.97$，$p<0.01$）。然而，当消费后进行测量时，社会排斥与消费项目之间存在边际显著的交互作用（$F(1, 68)=3.63$，$p=0.06$）。被社会排斥的参与者在食用非怀旧饼干后选择了更多与归属感相关的词汇（$M=2.83$），而在食用怀旧饼干后选择了更少与归属感相关的词汇（$M=1.66$；$F(1, 68)=6.60$，$p<0.02$）。

研究4的结果为我们的建议提供了额外的支持，即怀旧产品成功地满足了归属需求。正如预测的那样，只有吃了怀旧饼干的被排斥的参与者回到了与纳入条件下的参与者相同的状态，而食用非怀旧饼干的被排斥的参与者继续表现出对归属词的高度敏感性，这表明归属的目标可以通过消费怀旧饼干实现，非怀旧的饼干则无法满足这种需求。

第四节　设计怀旧营销的传播内容

怀旧是一种保护和促进心理健康的心理资源，可以增强社会联系和归属感，在一定程度上减轻孤独的有害影响。与以往研究一致（Routledge et al., 2008），我们的结果表明，在面临迫在眉睫的归属需要威胁时，怀旧具有填补情感空白的功能。也就是说，怀旧并不直接解决孤独带来的问题，但从孤独的本质入手，证明怀旧产品的消费成功地满足了人们的归属需要。考虑到归属感需求是人类行为的一个基本驱动因素（Baumeister and Leary，1995），但并不总是有时间或机会与亲密的人互动，我们发现怀旧产品的消费成功地满足了归属需要，这也是一个重要的贡献。

在此基础上，我们的研究结果进一步表明，当归属需要成为一种目标时，即使归属感没有受到明显的威胁，人们仍然会消费怀旧产品。我们的研究结果表明，有归属需要的消费者可能会选择消费怀旧产品作为实现这一目标的手段。在五项研究中，我们提出了多种证据，证明以各种方式激活归属需要都会增加个体对怀旧产品的消费兴趣，这在不同的产品类别中具有广泛的适用性，电视节目、食物、汽车，甚至沐浴露等。来自同一群体的人（即年龄相同、人口统计学背景相似）可能会对类似的物体感到怀旧，因为个体可以利用消费表明他们是社会内群体的成员（Berger and Heath，2007），或与社会外群体保持距离（Berger and Rand，2008）。因此，个人可能会有意避免与不同年龄群体相关的怀旧产品，特别是与他们的父母或祖父母相关的产品。

对营销人员而言，我们的发现可以提供一些实际应用。考虑到孤独、排斥等威胁归属感并带来心理伤害的情况，营销人员该如何最有效地营销怀旧产品和复兴品牌？一种可能性是通过消费者的社交渠道销售产品，如餐厅、酒吧或咖啡店里的商店。另一种选择是创建社区，特别是在线品牌社区，消费者可以在那里对他们共同的品牌进行互动和联系，也可以从网店购买额外的产品和配件。总体而言，在消费的产品中存在一种有形的、几乎是普鲁斯特式的与过去的联系，或者参考过去或复古的设计（如PT Cruiser①的情况），都值得思考。值得注意的是，正如我们的研究所展示的，接触或选择怀旧产品都不足以增强归属感，个人必须实际消费怀旧产品，才能满足归属目标。此外，单纯的享乐消费不足以满足归属需要，真正提供帮助的是产品的怀旧属性。

---

① PT Cruiser（PT漫步者）是克莱斯勒汽车公司旗下生产的一款汽车。它的设计灵感来自20世纪20年代的黄金时期，展现出粗犷有力的弧形挡泥板和时尚的车身结构。这款车的外观非常与众不同，前脸让人联想到解放车，钩起人们对过去的回忆。

参 考 文 献

Aaker J L, Lee A Y. 2001. "I" seek pleasures and "We" avoid pains: the role of self-regulatory goals in information processing and persuasion[J]. Journal of Consumer Research, 28（1）: 33-49.

Ahluwalia R. 2008. How far can a brand stretch? Understanding the role of self-construal[J]. Journal of Marketing Research, 45（3）: 337-350.

Archibald F S, Bartholomew K, Marx R. 1995. Loneliness in early adolescence: a test of the cognitive discrepancy model of loneliness[J]. Personality and Social Psychology Bulletin, 21（3）: 296-301.

Asher S R, Paquette J A. 2003. Loneliness and peer relations in childhood[J]. Current Directions in Psychological Science, 12（3）: 75-78.

Baldwin M W, Keelan J P R, Fehr B, et al. 1996. Social-cognitive conceptualization of attachment working models: availability and accessibility effects[J]. Journal of Personality and Social Psychology, 71（1）: 94-109.

Baron R M, Kenny D A.1986. The moderator-mediator variable distinction in social psychological research: conceptual, strategic, and statistical considerations[J]. Journal of Personality and Social Psychology, 51（6）: 1173-1182.

Batcho K I. 1995. Nostalgia: a psychological perspective[J]. Perceptual and Motor Skills, 80（1）: 131-143.

Baumeister R F, Leary M R. 1995. The need to belong: desire for interpersonal attachments as a fundamental human motivation[J]. Psychological Bulletin, 117（3）: 497-529.

Berger J, Heath C. 2007. Where consumers diverge from others: identity signaling and product domains[J]. Journal of Consumer Research, 34（2）: 121-134.

Berger J, Rand L. 2008. Shifting signals to help health: using identity signaling to reduce risky health behaviors[J]. Journal of Consumer Research, 35（3）: 509-518.

Brewer M B, Gardner W. 1993. Who is this "We"? Levels of collective identity and self representations[J]. Journal of Personality and Social Psychology, 71（1）: 83-93.

Brown S, Kozinets R V, Sherry Jr J F. 2003. Teaching old brands new tricks: retro branding and the revival of brand meaning[J]. Journal of Marketing, 67（3）: 19-33.

Cacioppo J T, Hawkley L C. 2005. People thinking about people: the vicious cycle of being a social outcast in one's own mind[C]//Williams K D, Forgas J P, von Hippel W. The Social Outcast: Ostracism, Social Exclusion, Rejection, and Bullying. Psychology Press: 91-108.

Cacioppo J T, Hawkley L C, Ernst J M, et al. 2006. Loneliness within a nomological net: an evolutionary perspective[J]. Journal of Research in Personality, 40（6）:1054-1085.

Chartrand T L, Huber J, Shiv B, et al. 2008. Nonconscious goals and consumer choice[J]. Journal of Consumer Research, 35（2）: 189-201.

Cohen S, Wills T A. 1985. Stress, social support, and the buffering hypothesis[J]. Psychological Bulletin, 98（2）: 310-357.

Davis F. 1979. Yearning for Yesterday: a Sociology of Nostalgia[M]. New York: Free Press.

DeMarree K G, Wheeler S C, Petty R E. 2005. Priming a new identity: self-monitoring moderates the effects of nonself primes on self-judgments and behavior[J]. Journal of Personality and Social Psychology, 89（5）: 657-671.

Derrick J L, Gabriei S, Hugenberg K. 2009. Social surrogacy: how favored television programs provide the experience of belonging[J]. Journal of Experimental Social Psychology, 45（2）: 352-362

Gardner W L, Pickett C L, Jefferis V, et al. 2005. On the outside looking in: loneliness and social monitoring[J]. Personality and Social Psychology Bulletin, 31（11）: 1549-1560.

Gardner W L, Pickett C L, Knowles M. 2005. Social snacking and shielding: using social symbols, selves, and surrogates in the service of belonging needs[C]//Williams K D, Forgas J P, von Hippel W. The Social Outcast: Ostracism, Social Exclusion, Rejection, and Bullying. Psychology Press: 227-242.

Holbrook M B. 1993. Nostalgia and consumption preferences: some emerging patterns of consumer tastes[J]. Journal of Consumer Research, 20（2）: 245-256.

Kuhn M H, Mcpartland T S. 1954. An empirical investigation of self-attitudes[J]. American Psychological Review, 19（1）: 68-76.

Leary M R, Kelly K M, Cottrell C A, et al. 2013. Construct validity of the need to belong scale: mapping the nomological network[J]. Journal of Personality Assessment, 95（6）: 610-624.

Leary M R, Tambor E S, Terdal S K, et al. 1995. Self-esteem as an interpersonal monitor: the sociometer hypothesis[J]. Journal of Personality and Social Psychology, 68（3）: 518-530.

Mandel N. 2003. Shifting selves and decision making: the effects of self-construal priming on consumer risk taking[J]. Journal of Consumer Research, 30（1）: 30-40.

Maner J K, Dewall C N, Baumeister R F, et al. 2007. Does social exclusion motivate interpersonal reconnection? Resolving the "porcupine problem"[J]. Journal of Personality and Social Psychology, 92（1）: 42-55.

Markus H R, Kitayama S. 1991. Culture and the self: implications for cognition, emotion and motivation[J]. Psychological Review, 98（4）: 224-253.

Pickett C L, Gardner W L, Knowles M. 2004. Getting a cue: the need to belong and enhanced sensitivity to social cues[J]. Personality and Social Psychology Bulletin, 30（9）: 1095-1107.

Preacher K J, Hayes A F. 2004. SPSS and SAS procedures for estimating indirect effects in simple mediation models[J]. Behavior Research Methods, Instruments, and Computers, 36（4）: 717-731.

Rosenberg M. 1965. Society and the Adolescent Self-Image[M]. Princeton: Princeton University Press.

Routledge C, Arndt J, Sedikides C, et al. 2008. A blast from the past: the terror management function of nostalgia[J]. Journal of Experimental Social Psychology, 44（1）: 131-140.

Russell C A, Norman A T, Heckler S E, et al. 2004. The consumption of television programming: development and validation of the connectedness scale[J]. Journal of Consumer Research, 31（1）: 150-161.

Sarason I G, Levine H M, Basham R B, et al. 1983. Assessing social support: the social support questionnaire[J]. Journal of Personality and Social Psychology, 44（1）: 127-139.

Sujan M, Bettman J R, Baumgartner H. 1993. Influencing consumer judgments using autobiographical memories: a self-referencing perspective[J]. Journal of Marketing Research, 30（4）: 422-436.

Twenge J M, Baumeister R F, Tice D M, et al. 2001. If you can't join them, beat them: effects of social exclusion on aggressive behavior[J]. Journal of Personality and Social Psychology, 81（6）: 1058-1069.

Watson D, Clark L A, Tellegen A. 1988. Development and validation of brief measures of positive and negative affect: the PANAS scales[J]. Journal of Personality and Social Psychology, 54（6）: 1063-1070.

Wildschut T, Sedikides C, Arndt J, et al. 2006. Nostalgia: content, trigger, functions[J]. Journal of Personality and Social Psychology, 91（5）: 975-993.

Williams K D, Cheung C K T, Choi W. 2000. Cyberostracism: effects of being ignored over the internet[J]. Journal of Personality and Social Psychology, 79 (5): 748-762.

Zhou X, Sedikides C, Wildschut T, et al. 2008. Counteracting loneliness: on the restorative function of nostalgia[J]. Psychological Science, 19 (10): 1023-1029.

第五章　怀旧营销成败的影响因素
——权力感

  并没有太多的预兆，老字号"大白兔"奶糖成了时下的网红产品。最近，大白兔品牌方冠生园顺势开发了大白兔奶茶。据说，在上海某购物中心的快闪店，大白兔奶茶店的排队时间动辄四五个小时，大有赶超某些时尚奶茶店之势。

  老字号大白兔奶糖的走红，并非偶然。与之类似的，还有回力鞋、永久牌自行车等。一样的配方，不变的味道，在消费方式多种多样的当下，这些拥有几十年历史的老字号屹立不倒，既让人欣慰，也让人好奇——父母辈甚至祖辈的品牌，究竟有什么样的魔力，能够吸引口味挑剔的新生代消费力量。

  消费者喜欢老字号，产品稳定的质量固然是一方面。大白兔口感稳定，也就让消费者形成稳定的预期。在快速消费的年代，消费者不希望花太多时间挑选商品，有影响力、有公信力的产品，自然容易获得更多关注。然而，单单依赖稳定的质量，还不足以解释为什么年轻人也加入了追捧老字号品牌的队伍[1]。

  几乎所有喜欢老字号的年轻人，口里都离不开"情怀"二字。在当下的语境中，情怀二字常常用以表达对过去生活的留恋。过去各种各样的生活事件都是生命意义的蓄水池，而人一旦遇到暂时的挫败或者颓唐，往往喜欢从过往的生活事件中回忆出些许的微小意义加以沉浸、加以抚慰。

  事实上，根据媒体分析，在升学、就业、结婚和买房等情境下，个体比较容易怀旧。初入社会的年轻人，面对扑面而来的复杂生活，生活重心从最

---

[1] "大白兔"奶糖成网红 年轻人的情怀到底是什么[EB/OL]. https://www.chinanews.com/sh/2019/06-06/8857533.shtml, 2019-06-06.

初的认真学习与自主独立变成了适应工作环境、适应朝九晚五、学会工作与社交平衡、美食、大片、时尚、旅游、度假、职场技能提升、职业生涯规划等各类现实问题，难免感到挫败和无力。这群低权力的年轻人，似乎希望从怀旧消费中找到解决这种无力感的良药。

第一节 权力与消费行为

权力感知是个体对自身权力状态的一种主观感受（Anderson and Berdahl，2002）。前人研究发现低权力感知是一种让人厌恶的心理状态（Rucker and Galinsky，2008）。为了应对这种消极心理状态，低权力的消费者试图通过特定消费行为来补偿低权力给其带来的负面影响，以达到重获权力感知的目的。具体来说，在Rucker和Galinsky（2008）的研究中，他们发现低权力感知的消费者会偏好那些能够向他人传达地位信息的产品，如袖扣、貂毛大衣等。这是因为，地位性产品常常与人拥有权力联系在一起，那么购买地位性产品就可以满足消费者提高权力感知的动机。同样地，Inesi等（2011）发现，低权力感知的消费者偏好可选择项多的选择集，这是因为越是拥有权力的个体做选择时的自由度越大，选择多选项选择集可以让消费者获得权力感知。目前，关于消费者应对低权力感知的研究均从重建权力的角度出发，通过特定的补偿性消费行为来实现。

基于自我差异理论，Mandel等（2017）提出的补偿性消费行为模型总结了五种消费者应对自我差异威胁的策略，包括直接解决策略、象征性自我完成策略、分离策略、逃避策略和流动补偿策略。具体来说，第一种，直接解决策略，就是从源头上直接解决差异。例如，因为老板的长期压榨而产生低权力感知的个体可以选择离开公司来直接解决低权力感知问题。第二种，象征性自我完成策略，就是个体在产生自我差异的维度上通过其他方式来证明自己在这个维度上的象征性优势。例如，低权力感知的个体通过购买地位性产品来获得高权力感知。第三种，分离策略，表现为个体避免在产生自我差异的维度上的行为。例如，因为等待未知的面试结果而产生低权力感知的个体选择不做任何与面试有关的事情。第四种，逃避策略，表现为个体通过让自己分心来逃避自我差异。例如，低权力感知的个体可以去看一场无脑爆米花电影来暂时忘记缺乏权力的事实。第五种，流动补偿策略，即选择不同于产生自我差异的领域进行自我肯定的策略。例如，低权力感知的个体告诉自己虽然我缺乏权力，但是我可爱招人喜欢。由此可知，前人的研究从象征性自我完成策略的角度解释了消费者的补偿性消费行为。研究如何通过补偿性消费行为帮助消费者应对低权力感知的威胁对保持个人的身心健康和提高企业的营销有效性都非常有意义。但是，前人对权力感知和补偿性消费行为的研究仍然处于起步阶段。不同权力感知下的消费者是否会存在不同的怀旧偏好？而产生怀旧偏好差异的原因又是什么？我们认为，怀旧消费是个体面对权力缺失的一种应对措施。低权力者比高权力者更倾向于进行怀旧消费。但是，驱动怀旧消费的并不是低权力者重建权力的意图，而是他们对生活意义的追寻。

第二节　低权力感激发怀旧消费的心理机制

早期的心理学研究从三个角度来定义个体的生活意义。第一个角度是将生活意义视为个体存在的目的（Yalom，1980），认为生活意义体现在个体追求人生目标和经历人生重要事件之中。第二个角度是将生活意义视为个体存在的价值（Baumeister，1991），认为生活意义来源于个体满足自我需要和完成自我实现的过程。第三个角度是将生活意义视为一种信念（Battista and Almond，1973）。这一信念促使个体努力实现目标，并在此过程中获得新的生活意义。虽然角度不同，但是学者们普遍认为生活意义表现为个体对自己的存在价值和生活意义的渴望，即个体希望能够认识自我并了解世界，有明确的自我定位和清楚的人生目标（Steger et al.，2008）。已有研究发现，生活是否有意义是衡量个体幸福与否的标准之一（Steger et al.，2008）。有意义的生活会增强个体的幸福感，因为他们更加享受工作（Bonebright et al.，2000）、更容易出现积极情绪（Hicks and King，2007），甚至拥有更加健康的身体（Reker et al.，1987）。因此，获得和保持生活意义对个体的心理幸福感意义重大。

我们认为权力的缺失会从三个方面来威胁个体的生活意义。

首先，低权力者通常缺乏生活目标。权力缺失导致个体把自己视为实现他人目标的工具（Galinsky et al.，2003；Keltner et al.，2003），从而忽略甚至放弃自己的目标。Steger等（2006）指出是否拥有明确的生活目标是评估生活是否有意义的重要指标之一（Baumeister，1991）。因此，没有目标、按他人指示行动的生活会让个体感到自己的生活缺乏意义。

其次，权力的缺失导致个体难以获得各种资源，容易遭受威胁和惩罚（Domhoff, 1998），并成为被侵略的对象（Whitney and Smith, 1993）。因此，低权力者往往无法掌控事情的发展和结局（Zou et al., 2014），并倾向于认为未来充满不确定性（Rucker and Galinsky, 2008）和不安全感（Domhoff, 1998）。这种对未来充满未知却又无力改变的状态导致个体对未来失去信心和向往，进而怀疑其生活意义。

最后，权力的缺失会降低个体对自己的信心，导致个体对他人和环境产生依赖（Emerson, 1962）。在这种情况下，他们常常看不到自身的存在价值，甚至对自己持消极评价。已有研究发现，自我需要与自我实现是生活意义的重要来源（Baumeister, 1991）。因此，消极的自我认知会威胁个体的生活意义。

让自己的生活充满意义是人类的基本需求之一（Heine et al., 2006）。前人研究发现，当个体的生活意义受到威胁时，他们会渴望这种需求重新得到满足，从而自发产生寻找生活意义的动机。例如，Steger等（2011）的研究证实，当个体认为自己的生活缺乏意义时，他们会增加寻找生活意义的行为，如与家人一起旅行或者接受一项挑战等。通过这些行为，个体会重新理解生活的目的和意义（Steger et al., 2008）。因此，相比于高权力者，低权力者会产生更加强烈的寻找生活意义的动机。

怀旧可以通过两个途径来帮助消费者重拾生活意义。一方面，个体在怀旧时往往会回忆一些具有特殊意义的事件，如毕业、恋爱、第一次旅行等（Wildschut et al., 2006）。与日常生活中的普通事件相比，这些事件对个体更加重要，也更有意义（Routledge et al., 2011）。对生活中重要事件的回忆使个体重新意识到自己的存在，并对生活意义产生新的理解（Routledge et al., 2011）。因此，怀旧可以通过让个体回忆有意义的事件来增加其对生活意义的感知。另一方面，个体在怀旧时通常会回想一些与自己密切相关的对象，如家人、朋友、同学等。这些回忆使个体感受到他人对自己的关爱和保护（Wildschut et al., 2006, 2010），进而增强对社会支持的感知（Zhou et al., 2008）。已有研究发现，社会支持是生活意义的一个重要来源（Hicks et al., 2010）。因此，怀旧可以通过让个体感受到社会支持来增加其对生活意义的感知（Routledge et al., 2011）。

基于上述讨论，我们认为，怀旧可以增强消费者对生活意义的感知。由于怀旧产品或品牌会引发消费者产生怀旧的想法和情绪，因此当消费者具有寻找生活意义的动机时，他们倾向于进行怀旧消费，表现出对怀旧产品或怀旧品牌的偏好。

综上所述，我们提出权力的缺失会威胁个体的生活意义，从而使个体激发出寻找生活意义的动机。怀旧消费可以通过回忆有意义的事件和增强社会支持感知这两条途径来帮助个体找回生活意义。因此，低权力者比高权力者更加偏好怀旧产品或怀旧品牌。

H5-1：低权力者比高权力者具有更加强烈的怀旧偏好。

H5-2：寻找生活意义的动机在上述影响过程中起中介作用。

第三节 低权力感与怀旧消费的关系分析

研究1 权力感知对消费者怀旧偏好的影响

研究1采用的是单因素实验设计，通过QQsurvey（一家中文在线调查公司，www.qqsurvey.com）以在线实验的方式搜集数据。105人（女性56人，平均年龄27.61岁）参加实验，他们被随机分配到怀旧组或非怀旧组。

实验由两个看似相互独立的任务构成。在第一个任务中，我们要求被试完成一份"生活方式与个性调查量表"，其中有5个题项测量他们对自身长期权力状态的感知（Anderson and Galinsky，2006）。在第二个任务中，被试按要求阅读一则虚拟龙须面品牌的广告，然后评价自己的品牌偏好。在怀旧品牌组，广告词是"麦合，还是小时候的味道"和"记忆中的那碗龙须面"。同时，广告的左上角配有一幅儿童吃面条的图片。在非怀旧品牌组，广告词是"麦合，只做最好的龙须面"和"小麦 营养 好味道"。同时，广告的左上角配有一幅年轻女性吃面条的图片。之后，请被试对所看广告的怀旧程度进行评价（Loveland et al.，2010）。

我们首先进行操控检验。以怀旧感知为因变量的方差分析结果显示，怀旧广告比非怀旧广告给被试带来更加强烈的怀旧感（$M_{怀旧广告}$=4.73，$M_{非怀旧广告}$=3.85，$F(1, 103)$=10.45，p=0.002，η^2=0.09）。由此可见，我们对怀旧的操控是成功的。接下来，我们以品牌偏好为因变量，以权力感知、怀旧程度（0=非怀旧，1=怀旧）以及两者的交互项为自变量进行线性回归分析。结果显示权力感知和怀旧程度存在显著的交互效应（β=-0.66，$t(104)$=-2.24，p=0.027）。分组回归结果进一步显示，在怀旧组，权力对品牌偏好存在负向影响，即感知权力越低，消费者越偏好怀旧品牌（β=-0.44，$t(45)$=-2.08，

$p=0.044$）。在非怀旧组，权力对品牌偏好没有显著影响（$\beta=0.22$, $t(58)=1.09$, $p>0.1$）。因此，H5-1得到验证。

研究1通过测量个体的长期权力状态证实低权力者比高权力者更加偏好怀旧品牌，从而为权力与怀旧偏好之间的关系提供了初步证据。但是研究1的结果无法证明两者之间存在因果关系。另外，权力对怀旧偏好的影响是否适用于临时启动的权力感知？我们通过研究2解决上述问题。

研究2 权力感知对怀旧偏好的影响及其心理机制

研究2采用的是单因素实验设计。被试被随机分配到高权力、低权力和控制组中的一组。我们通过QQsurvey以在线实验的方式搜集数据。本次实验共搜集150份样本。在删除4名未认真完成实验的被试之后[①]，有效样本数为146份（女性91人，平均年龄30.57岁）。

实验由两个看似不相关的任务构成。第一个任务是词语搜索。在该任务中我们通过语意启动的方式（Bargh and Raymond，1995）操纵被试的临时权力感知（Chen et al.，2001；Lammers and Stapel，2009；李小平等，2012）。被试首先看到一个10×10的汉字矩阵，该矩阵包含了16个由两个字组成的词语（如歌曲）。被试需要从中找出至少10个词语。在两个实验组中，待找出的词语包括13个与高权力（高权力组，如领导、控制和命令）或低权力（低权力组，如无助、下级、奴隶）相关的词语和3个与权力无关的中性词（白纸、歌曲、信封）。在控制组，所有词语都是中性词。在实验过程中，我们通过问卷系统记录下被试完成该任务的时间作为投入程度的指标，并测量了他们对任务难易程度的感知（1=非常容易，7=非常困难）和当时的情绪（1=非常糟糕，7=非常好）。

第二个任务是消费选择。被试按要求想象自己获得了一张音乐会门票的兑换券。在怀旧组，该音乐会的主题是"岁月留声"，广告语是"重温记忆中的歌声，讲述光阴流转的故事"。在非怀旧组，该音乐会的主题是"音海徜徉"，广告语是"捕捉跳跃的音符，编织绚烂多彩的乐章"。在正式实验之前，我们设计了两个前测实验。在前测1中（$N=88$），我们让被试评价怀旧或者非怀旧主题的音乐会在多大程度上让自己产生了怀旧的感觉。结果显示，怀旧音乐会导致被试产生更强烈的怀旧感（$M_{怀旧音乐会}=5.89$, $M_{非怀旧音乐会}=4.18$, $F(1, 87)=$

[①] 其中，2名被试在操纵任务中没有按照要求完成任务；2名被试没有通过注意力测试题。

129.09，$p<0.001$，$\eta^2=0.60$）。在前测2中（$N=63$），我们让被试评价怀旧或者非怀旧主题的音乐会在多大程度上让他们联想到权力（1=完全没有，7=非常强烈）。这个前测的目的是排除怀旧产品引发高权力感知进而导致低权力被试更加偏好怀旧产品以重建权力这一解释[①]。结果表明，两组音乐会让被试联想到权力的程度没有显著差异，且均值小于4（$M_{怀旧音乐会}=2.70$，$M_{非怀旧音乐会}=2.67$，$F(1, 61)=0.01$，$p=0.917$，$\eta^2=0.05$）。可见，实验刺激物并不会引起被试对权力的联想。

在正式实验中，我们要求被试阅读这两场音乐会的相关信息，然后选择他们更想去听的一场音乐会。接着，被试评价他们对这两场音乐会的相对喜欢程度［1=更喜欢音乐会A（非怀旧音乐会），6=两者没有区别，11=更喜欢音乐会B（怀旧音乐会）］。

我们首先检验三组被试在完成词语搜索任务时的投入程度、难易程度感知以及完成任务后的情绪状态是否有所不同。方差分析结果显示，三组被试在这些方面都没有显著差异（投入程度，$F(2, 143)=1.17$，$p=0.314$，$\eta^2=0.02$；任务难易程度，$F(2, 143)=0.92$，$p=0.403$，$\eta^2=0.01$；情绪状态（$F(2, 143)=0.46$，$p=0.632$，$\eta^2=0.01$）。

接下来是假设检验。首先，以音乐会选择为因变量的卡方检验显示三组被试的选择存在显著差别（$\chi^2(2)=23.32$，$p<0.001$，$\varphi=0.40$）（表5-1）。为了进一步探究组间差距的来源，我们采用卡方分割的方式进行两两比较[②]。与预期一致，低权力组的被试比高权力组（$\chi^2(1)=24.12$，$p<0.001$，$\varphi=0.50$）和控制组（$\chi^2(1)=16.39$，$p<0.001$，$\varphi=0.41$）的被试更有可能选择怀旧音乐会，而高权力组和控制组之间没有显著差别（$\chi^2(1)=1.27$，$p=0.18$，$\varphi=0.11$）。由此可见，权力感知对音乐会选择的影响主要来自低权力提高被试选择怀旧音乐会的概率，而不是高权力降低被试选择怀旧音乐会的概率。

表 5-1　音乐会选择和偏好的描述性分析结果

因变量	低权力组 选择人数	低权力组 百分比	高权力组 选择人数	高权力组 百分比	控制组 选择人数	控制组 百分比
选择怀旧音乐会	48	100%	30	60%	34	70.83%
选择非怀旧音乐会	0	0%	20	40%	14	29.17%

---

① 我们十分感谢匿名评审提出的这一建议。
② 由于本实验有三个组（即高权力组、低权力组和控制组），因此两两比较时，p值需要小于0.017（0.05/3=0.017）才能说明组间有显著差异。

续表

因变量	低权力组		高权力组		控制组	
	选择人数	百分比	选择人数	百分比	选择人数	百分比
合计	48		50		48	
音乐会喜爱程度均值（标准差）	10.69（0.468）		6.76（3.905）		7.36（3.394）	

接下来，我们以音乐会喜爱程度为因变量进行方差分析。结果发现，权力对喜爱度存在显著的影响（$F(2, 143)=23.84$，$p<0.001$，$\eta^2=0.25$）。低权力组的被试（$M=10.69$）比高权力组（$M=6.76$，$p<0.001$）和控制组（$M=7.36$，$p<0.001$）的被试更加喜欢怀旧音乐会，而控制组和高权力组之间没有显著差异（$p>0.1$）。这一结果与方差分析的结果高度一致。因此，H5-1得到验证。

通过临时启动个体的不同权力感知，研究2再次验证权力对消费者怀旧偏好的影响，并证实两者之间存在因果关系。此外，我们发现高、低权力者在怀旧偏好上的差异主要是因为低权力增强怀旧偏好，而非高权力减弱怀旧偏好。这一结果为我们提出的心理机制提供了初步的支持。在研究3，我们将通过中介效应进一步检验该心理机制。另外，在研究1和2中我们都采用虚拟品牌或产品操纵怀旧程度。在研究3中，我们采用真实品牌。

研究3 生活意义的动机的中介效应

研究3采用的是单因素实验设计，我们通过QQsurvey以在线实验的方式搜集数据。在删除了9名没有认真完成实验的被试之后[①]，有效样本数为48人（女性33人，平均年龄30.06岁）。他们被随机分配到低权力组或者高权力组。

实验3由两个看似不相关的任务组成。第一个任务是记忆力测试，用来操控被试的临时权力感知（Rucker and Galinsky, 2008）。被试按要求回忆一件感觉自己拥有权力（高权力组）或缺乏权力（低权力组）的事情，然后把事情经过尽可能详细地记录下来。然后，我们测量被试的权力感知（Galinsky et al., 2008）、任务难易程度感知及当时的情绪状态。接下来我们测量中介变量，即被试在多大程度上想要寻找生活意义（Steger et al., 2006）。

第二个任务是消费者调查。我们要求被试想象自己正在一家超市准备购

---

① 其中，4名被试完成实验的时间过长，超出平均完成时间的3个标准差，说明完成实验过程中有打断；5名被试阅读实验说明的时间为0，说明在没有了解实验要求的情况下开始填写问卷。

买膨化食品,看到货架上有四个品牌,包括两个怀旧品牌与两个非怀旧品牌。被试需要从中选择一个自己最想购买的品牌。在正式实验之前,我们设计了两个前测实验以选择合适的刺激物。在前测1中(N=28),我们让被试分别对多个膨化食品品牌的怀旧程度和喜爱程度("你喜欢××这个品牌吗?1=非常不喜欢,7=非常喜欢")进行打分。实验刺激物的选择标准有两个。第一,怀旧品牌比非怀旧品牌更能让被试产生怀旧的感觉;第二,被试对怀旧品牌和非怀旧品牌的喜爱程度没有显著差别。根据上述标准,我们选择上好佳与旺旺作为怀旧品牌,乐事与可比克作为非怀旧品牌($M_{怀旧品牌}$=4.10,$M_{非怀旧品牌}$=3.11,$F(1, 27)$=56.32,$p<0.001$,η^2=0.68)。被试对两类品牌的平均喜爱程度没有显著差异($M_{怀旧品牌}$=4.01,$M_{非怀旧品牌}$=3.87,$F(1, 27)$=0.66,$p>0.1$,η^2=0.02)。在前测2中(N=38),我们测量这两类品牌是否会引发不同的权力联想。结果发现组间没有显著差异,且均值远小于4,说明这些品牌并不会引起被试对权力的联想($M_{怀旧品牌}$=1.89,$M_{非怀旧品牌}$=1.88,$F(1, 37)$=0.01,p=0.934,η^2=0.05)。

我们首先进行操纵检验。以权力感知为因变量的单因素方差分析发现,高权力组的被试比低权力组的被试认为自己拥有更高的权力($M_{高权力组}$=4.51,$M_{低权力组}$=3.62,$F(1, 46)$=11.70,p=0.001,η^2=0.20)。同时,两组在任务难易程度感知上没有显著差异($M_{高权力组}$=2.30,$M_{低权力组}$=2.68,$F(1, 46)$=0.96,p=0.33,η^2=0.02)。以情绪为因变量的方差分析结果显示,低权力组被试的情绪比高权力组被试的情绪更加消极($M_{高权力组}$=4.65,$M_{低权力组}$=3.71,$F(1, 46)$=4.69,p=0.036,η^2=0.09)。因此,在后续数据分析中,我们把情绪作为协变量以控制情绪对研究结果的影响[①]。

我们以品牌选择为因变量进行卡方检验以验证假设。结果显示两组的品牌选择存在显著差异,$\chi^2(1)$=3.46,p=0.06,φ=0.27。相较于高权力者,低权力者更可能选择怀旧品牌(表5-2)。H5-1再次得到验证。

表 5-2 膨化食品品牌选择结果

选择结果	低权力组 选择人数	低权力组 百分比	高权力组 选择人数	高权力组 百分比
怀旧食品	16	57.14%	6	30%
非怀旧食品	12	42.86%	14	70%
人数总计	28		20	

---

① 我们的研究结果在不控制情绪的情况下依然成立。

为了进一步厘清影响机制，我们首先以寻找生活意义的动机为因变量做单因素方差分析。结果显示低权力者比高权力者具有更强的动机去寻找生活意义（$M_{高权力组}$=5.23，$M_{低权力组}$=6.11，$F(1, 46)$=9.08，p=0.008，η^2=0.15）。然后，我们采用Hayes（2009）的bootstrapping方法验证中介效应（图5-1）。我们将自变量权力感知（0=低权力，1=高权力）、中介变量寻找生活意义的动机、因变量怀旧品牌选择以及控制变量情绪放入模型中（图5-1）。结果显示，权力感知负向影响寻找生活意义的动机（β=-1.05，$t(47)$=-3.23，p=0.002）。该动机则对怀旧品牌的选择存在正向影响（β=0.94，$t(47)$=2.24，p=0.03）。此时，权力感知对品牌选择的直接效应不显著（β=-0.91，$t(47)$=-1.20，p=0.23）。寻找生活意义的动机的中介效应为-0.98，其所在置信区间显著地偏离0（95%CI=-3.29~-0.10），表明该中介效应显著。因此，H5-2得到支持。

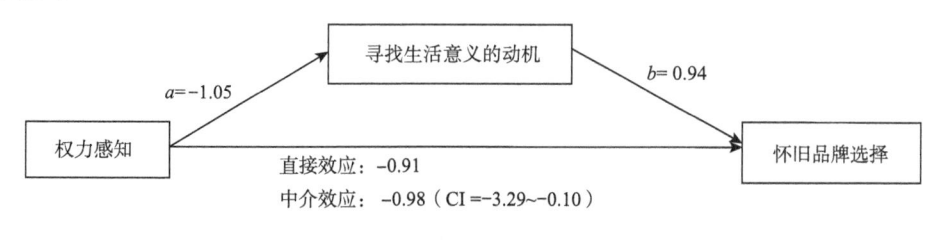

图 5-1 中介效应检验模型

研究3采用不同的权力操控方法和真实品牌再次验证权力对怀旧偏好的影响，并证实寻找生活意义的动机在该影响关系中起到了完全的中介作用。这些结果表明，驱动低权力者选择怀旧品牌的动机并不是重建权力，而是重新获得生活的意义。

第四节　寻找怀旧营销的最佳场景

通过三个研究，我们证实了权力感知与消费者怀旧偏好之间存在显著的因果关系。与高权力者相比，低权力者具有更强的怀旧偏好。这种偏好表现为消费者对怀旧品牌（研究1）和怀旧产品（研究2）更加积极的态度，也表现为他们在产品选择时更有可能选择怀旧产品（研究2）或怀旧品牌（研究3）。在这个影响过程中，寻找生活意义的动机起到了中介作用。这一研究发现在我们采用不同的权力操纵方法（直接测量长期权力状态和激发临时的权力感知)、不同的怀旧操纵方法（虚拟品牌、虚拟产品和真实品牌）和不同的因变量实验设计（组间设计和组内设计）的情况下表现出高度的一致性，从而为权力感知与怀旧偏好之间的因果关系提供了充分的实证支持。

我们的理论贡献主要体现在以下三个方面。

首先，我们首次证实权力缺失增强消费者的怀旧偏好。这一结果表明，与购买地位象征性产品（Rucker and Galinsky, 2008）等补偿性消费相似，怀旧消费也是个体应对低权力状态的行为反应。因此，为权力状态对消费行为的影响提供了新的证据。

其次，我们提供了一个全新的视角来解释权力与消费行为之间的关系。现有的权力文献主要从重建权力的角度来解释低权力者在消费领域的行为反应。无论是购买与地位相关的产品（Rucker and Galinsky, 2008），还是偏好多选项选择集（Inesi et al., 2011），这些行为背后的动机是低权力者试图改变目前的权力状态。他们通过这些消费行为来释放和传递自己拥有权力的信号，从而实现权力的重建（Garbinsky et al., 2014）。与前人的研究不同，我们的研究证实重建权力不是权力缺失激发的唯一动机。由于权力的缺失威胁到个体的生活意义，因此低权力者会产生寻找生活意义的动机。这种动机与重建权力动机的区别在于其根本目的不是通过重新获得权力彻底解决问题，而是通过重拾生活意义减少权力缺失对心理幸福感带来的消极影响。

当个体认为生活没有意义时会产生挫败感和情绪不稳定等征兆（Baumeister, 1991），进而导致神经征（Sheffield and Pearson, 1974）、抑郁（李虹，2006）等心理疾病和糟糕的身体状况。为了更好地了解和预防缺乏生活意义带来的消极影响，研究生活意义感知的影响因素极为重要。现有研究证实年龄（Reker et al., 1987）、人际关系和家庭氛围（周娟，2008）等会影响个体对生活意义的感知。我们在此则发现了一个新的影响因素——权力感知。这是对现有文献的重要补充。

最后，有关怀旧的研究发现，孤独（Zhou et al., 2008）、无聊（van Tilburg et al., 2013）、压力（毕圣等，2016）和社会排斥（Loveland et al., 2010）等因素会诱发消费者更加偏好具有怀旧元素的产品或品牌。我们的研究证实权力的缺失也是怀旧消费的一个重要诱因，而低权力者进行怀旧消费的原因是渴望重新获得生活意义。这一发现是对现有的怀旧文献的进一步拓展。

除了上述理论贡献之外，我们的研究也具有重要的现实意义。最近，很多媒体关注到年轻人怀旧的现象。他们发现，"80后"群体虽然年轻，但已经表现出强烈的怀旧倾向。他们在网上一起回忆儿时看过的电视剧、吃过的零食及打过的游戏。他们争相购买带着怀旧标签的产品，使回力鞋、永久自行车、健力宝等带着"80后"独特记忆的产品再次热销。

同时，对于企业而言，营销管理者可以将权力的高低作为市场细分的标准，准确识别怀旧营销的目标顾客，并在营销传播中采用怀旧诉求以提升消费者的品牌态度和购买意向，最大化定位怀旧营销的消费群体，从而寻求最佳的怀旧营销场景。

更重要的是，已有研究发现，个体对生活意义的感知与其心理状态密切相关。生活意义的缺失往往会造成慢性的酒精中毒、抑郁、自我认同危机等心理疾病（Yalom，1980）。我们的研究证实低权力感知会威胁个体的生活意义。因此，长期处于低权力状态的个体容易引发心理问题。怀旧消费有助于个体克服这种威胁，从而缓解权力缺失对心理幸福感的消极影响。由此可见，怀旧不仅是一种有效的营销策略，而且对低权力者的心理健康具有重要的意义。

参 考 文 献

毕圣，庞隽，吕一林. 2016. 压力对怀旧偏好的影响机制[J]. 营销科学学报，12（1）：38-50.

李虹. 2006. 自我超越生命意义对压力和健康关系的调节作用[J]. 心理学报，38（3）：422-427.

李小平，杨晟宇，李梦遥. 2012. 权威人格与权力感对道德思维方式的影响[J]. 心理学报，44（7）：964-971.

周娟. 2008. 高职院校学生生命意义感状况研究初探[D]. 南京师范大学硕士学位论文.

Anderson C, Berdahl J L. 2002. The experience of power: examining the effects of power on approach and inhibition tendencies[J]. Journal of Personality and Social Psychology, 83（6）：1362-1377.

Anderson C, Galinsky A D. 2006. Power, optimism, and risk taking[J]. European Journal of Social Psychology, 36（4）：511-536.

Bargh J A, Raymond P. 1995. The naive misuse of power: nonconscious sources of sexual harassment[J]. Journal of Social Issues, 51（1）：85-96.

Battista J, Almond R. 1973. The development of meaning in life[J]. Psychiatry Interpersonal and Biological Processes, 36（4）：409-427.

Baumeister R F. 1991. Meanings of Life[M]. New York: Guilford Press.

Bonebright C A, Clay D L, Ankenmann R D. 2000. The relationship of workaholism with work-life conflict, life satisfaction, and purpose in life[J]. Journal of Counseling Psychology, 47 (4): 469-477.

Chen S, Lee Chai A Y, Bargh J A. 2001. Relationship orientation as a moderator of the effects of social power[J]. Journal of Personality and Social Psychology, 80 (2): 173-187.

Domhoff G W. 1998. Who Rules America? Power and Politics in the Year 2000[M]. Mayfield PubCo.

Emerson R M. 1962. Power dependence relations[J]. American Sociological Review, 27 (1): 31-41.

Galinsky A D, Gruenfeld D H, Magee J C. 2003. From power to action[J]. Journal of Personality and Social Psychology, 85 (3): 453-466.

Galinsky A D, Magee J C, Gruenfeld D H, et al. 2008. Power reduces the press of the situation: implications for creativity, conformity, and dissonance[J]. Journal of Personality and Social Psychology, 95 (6): 1450-1466.

Garbinsky E N, Klesse A K, Aaker J. 2014. Money in the bank: feeling powerful increases saving[J]. Journal of Consumer Research, 41 (3): 610-623.

Hayes A F. 2009. Beyond Baron and Kenny: statistical mediation analysis in the new millennium[J]. Communication Monographs, 76 (4): 408-420.

Heine S J, Proulx T, Vohs K D. 2006. The meaning maintenance model: on the coherence of social motivations[J]. Personality and Social Psychology Review, 10 (2): 88-110.

Hicks J A, King L A. 2007. Meaning in life and seeing the big picture: positive affect and global focus[J]. Cognition and Emotion, 21 (7): 1577-1584.

Hicks J A, Schlegel R J, King L A. 2010. Social threats, happiness, and the dynamics of meaning in life judgments[J]. Personality and Social Psychology Bulletin, 36 (10): 1305-1317.

Inesi M E, Botti S, Dubois D, et al. 2011. Power and choice: their dynamic interplay in quenching the thirst for personal control[J]. Psychological Science, 22 (8): 1042-1048.

Keltner D, Gruenfeld D H, Anderson C. 2003. Power, approach, and inhibition[J]. Psychological Review, 110 (2): 265-284.

Lammers J, Stapel D A. 2009. How power influences moral thinking[J]. Journal of Personality and Social Psychology, 97 (2): 279-289.

Loveland K E, Smeesters D, Mandel N. 2010. Still preoccupied with 1995: the need to belong and preference for nostalgic products[J]. Journal of Consumer Research, 37 (3):

393-408.

Mandel N, Rucker D D, Levav J, et al. 2017. The compensatory consumer behavior model: how self-discrepancies drive consumer behavior[J]. Journal of Consumer Psychology, 27 (1): 133-146.

Reker G T, Peacock E J, Wong P T. 1987. Meaning and purpose in life and well-being: a life-span perspective[J]. Journal of Gerontology, 42 (1): 44-49.

Routledge C, Arndt J, Wildschut T, et al. 2011. The past makes the present meaningful: nostalgia as an existential resource[J]. Journal of Personality and Social Psychology, 101 (3): 638-652.

Rucker D D, Galinsky A D. 2008. Desire to acquire: powerlessness and compensatory consumption[J]. Journal of Consumer Research, 35 (2): 257-267.

Sheffield B F, Pearson P R. 1974. Purpose-in-life in a sample of British psychiatric out-patients[J]. Journal of Clinical Psychology, 30 (4): 459.

Steger M F, Frazier P, Oishi S, et al. 2006. The meaning in life questionnaire: assessing the presence of and search for meaning in life[J]. Journal of Counseling psychology, 53(1): 80-93.

Steger M F, Kashdan T B, Sullivan B A, et al. 2008. Understanding the search for meaning in life: personality, cognitive style, and the dynamic between seeking and experiencing meaning[J]. Journal of Personality, 76 (2): 199-228.

Steger M F, Oishi S, Kesebir S. 2011. Is a life without meaning satisfying? The moderating role of the search for meaning in satisfaction with life judgments[J]. Journal of Positive Psychology, 6 (3): 173-180.

van Tilburg W A P, Igou E R, Sedikides C. 2013. In search of meaningfulness: nostalgia as an antidote to boredom[J]. Emotion, 13 (3): 450-461.

Whitney I, Smith P K. 1993. A survey of the nature and extent of bullying in junior/middle and secondary schools[J]. Educational Research, 35 (1): 3-25.

Wildschut T, Sedikides C, Arndt J, et al. 2006. Nostalgia: content, triggers, functions [J]. Journal of Personality and Social Psychology, 91 (5): 975-993.

Wildschut T, Sedikides C, Routledge C, et al. 2010. Nostalgia as a repository of social connectedness: the role of attachment-related avoidance[J]. Journal of Personality and Social Psychology, 98 (4): 573-586.

Yalom I D. 1980. Existential Psychotherapy[M]. New York: Basic Books.

Zhou X, Sedikides C, Wildschut T, et al. 2008. Counteracting loneliness on the restorative function of nostalgia[J]. Psychological Science, 19(10): 1023-1029.

Zou D, Jin L, He Y, et al. 2014. The effect of the sense of power on Chinese consumers' uniqueness-seeking behavior[J]. Journal of International Consumer Marketing, 26(1): 14-28.

第六章　怀旧营销成败的影响因素
——时间感

　　1987年，肯德基（KFC）漂洋过海来到中国北京开设了第一家餐厅，一块2.5元的吮指原味鸡，人们需要排上大半天的时间才能买到。

　　2.5元的鸡块在1987年的中国是什么样的消费水平呢？事实上，当时中国月工资只有100元的平均水平，肯德基2.5元的鸡块可以算是"高消费产品"。即便如此，肯德基还是掀起了一阵"洋快餐风潮"，引发各行各业的讨论和热议。1992年，肯德基餐厅门店已经扩展至10家，1996年达到100家。

　　现今，肯德基在中国的餐厅数量已达到5 200多家。广告语从最初的"有了肯德基生活好滋味"到现在的"尽情自在"，肯德基已经成了中国时代发展的见证者和中国人生活提升的参与者。2017年，在进入中国30周年之际，肯德基推出一波全新的促销活动，让最早被人们熟知的肯德基产品，同时也是肯德基菜单上屹立不倒的两款经典单品——吮指原味鸡和土豆泥的价格穿越回1987年，回归那时的经典价格。

　　自2017年3月21日起，肯德基wow会员（3月21日0点前入会的会员），在肯德基APP、微信、支付宝平台登录wow会员账户就能在"我的卡包"里收到两张会员专属优惠券：吮指原味鸡2.5元一块，土豆泥0.8元一份（仅限手机支付）。在3月24日至3月31日内，会员可以在肯德基餐厅内凭券购买到2.5元的吮指原味鸡一块和0.8元的土豆泥一份。消费者纷纷表示，30年前的价格，让自己感到满满都是回忆。品牌同时在线上启动"我有炸鸡你有故事吗"的微博话题。在微博上上传自己和KFC发生的故事或者奇遇，则有机会获得精美奖品。

　　网友参与热情极高，截止到3月25日，微博阅读量已达103万人次。网友们不仅晒出了故事，也晒出了多年前肯德基的包装及周边设计等图片，引发了一阵回忆热潮。本次的怀旧营销，不论是产品还是线上互动，都紧扣"30周年"的怀旧活动主题，主题明确突出。随着两个畅销品价格回归至1987年，产品和消费者也实现了有机结合。对于快消时代的人们来说，这无疑是一次值得回味的、充满情怀的复古之旅[①]。

有人说，怀旧心理永远不会过期，围绕怀旧的创意营销永远不会过时。不管何时，品牌在营销活动中通过给予一些特殊怀旧元素的刺激，总能激发消费者的怀旧情怀，勾起记忆中的共同回忆。这不禁让我们思索，怀旧和消费者的时间感，是否存在一些更具体的联系……

第一节 时间与消费行为

一、时间标志与时间标志的不同种类

时间标志是指一种特殊的时间点，这一类时间点"在社会共享的日历上或者个人的生活时间表中比其他的时间点更加显眼"（Shum, 1998; Dai et al., 2014）。这一定义主要着重于两个方面。第一，时间标志是一类更加显眼（stand-out）的时间点。因此，并不是任何一个时间点都是时间标志。第二，时间标志可以是客观的也可以是主观的。例如，9月1日对任何一个使用公历的人来说都有一样的意义，即9月开始的第一天。因此，大家对9月1日的看法相对客观。9月7日对某些人来说也是一个时间标志。例如，如果一些人出生在9月7日，那么对于这些人来说，9月7日就具有特殊的意义。因此，9月7日对这一天出生的人来说是一个时间标志，但是对其他人来说不是一个时间标志。这时，对时间标志的定义就相对主观。

前人的研究发现，时间标志主要分为三种（Shum, 1998）：鲜活的公共事件（vivid public events），重大的个人事件（significant personal events），日历上的时间点（calendar reference points）。这三种时间标志带给个体的感受是不一样的。具体来说，首先，对于鲜活的公共事件而言，个体可以经历过这一公共事件也可以没有经历过这一公共事件。例如，1990年的北京亚运会就是一个公共事件。但是，无论个体有没有经历过这一事件，这一

---

① 重回1987，肯德基如何打造怀旧营销？[EB/OL]. https://mp.weixin.qq.com/s/waMdaN5tI0Anzf6H_KE0IA, 2017-03-28.

事件对个体来说都是一个时间标志。与公共事件不同的是，重大的个人事件一定是个体所经历过的，如生日、结婚纪念日等。与前两种时间标志都不同，日历上的时间点相对客观。世界上所有使用公历的人对同一时间点都会产生大体上相对一致的看法。例如，1月1日在绝大多数人的眼里都是一年的开始。

前人的研究证实，以上三种时间标志都会对个人的认知判断产生显著的影响（Zauberman et al., 2010；Peetz and Wilson, 2013, 2014；Dai et al., 2014；Peetz and Epstude, 2016）。首先，鲜活的公共事件会对个体的时间判断产生影响。Zauberman等（2010）发现，当有很多与公共事件相关的、有意义的标记（marker）存在的时候，个体会感觉这个公共事件发生的时间更加久远。例如，如果一个人是2008年北京奥运会的一名志愿者，那么这个人会产生很多与2008年北京奥运会相关的、有意义的时间标记。这个时候，相比较没有参加过北京奥运会的个体，参加过北京奥运会的个体会认为2008年更加遥远。由于个体的不同，他们所经历的过去、所持有的信仰及自身的经济状态也会有所不同，这时，他们对同一公共事件就会产生不同的看法。因此，研究"鲜活的公共事件"这一时间标志的现实意义是有限的。在这里，我们会更加关注"重大的个人事件"及"日历上的时间点"，而不会探究"鲜活的公共事件"对消费者产生的影响。日历上的时间点是指在社会共同构建与共享的时间表上的时间点，如圣诞节（12月25日）、公历新年（1月1日），以及一个大学的秋季开学时间（通常是9月初）。前人的研究发现，当一个开端时间点（如周一、月初及年初的时候）被启动的时候，个体会产生更多的雄心壮志，他们更加渴望成为更好的自己（Dai et al., 2014）。重大的个人事件是指在一个人的生活中对其产生重大意义与影响的事件，包括导致生活产生重大改变的事件及众多的"第一次"事件，如接到大学录取通知书的那一天、第一次接吻等。虽然对于每个人来说，重大的个人事件发生的时间可能有所不同，但是这些事件带给每个人的感受却是相似的。例如，Dai等（2015）的研究发现，当个体想象他们搬到一个新公寓的时候，他们就会更有动力去实现个人的目标。这是因为当个体搬到一个新公寓的时候，他们会感觉他们与过去的自己有所区别。因此，他们更有动力去成为一个更好的自己。Dai等（2015）的研究证明了重大的个人事件对个人行为的影响与日历上的时间点对个人行为的影响并不相互排斥。因此，相对于公共事件，探索日历上的时间点及重大的个人事件对消费者的影响更加具有意义，也更加适合运用到营销实践之中。

二、时间标志对个体身份认知的影响

前人的研究发现，时间标志对个体身份认知会产生显著的影响（Peetz and Wilson，2013，2014）。这是因为时间标志会将一个人的生活分成不同的部分。例如，若2001年9月1日是某人初中开学的时间，2004年6月30日是其初中毕业的日子，则从2001年9月1日到2004年6月30日在示例时间线上隔出了一个时间段，这个时间段就命名为"初中"（图6-1）。除了时间标志可以将一个人的生活分隔成不同的部分，时间标志也可以将一个人分隔成不同的身份。例如，如果现在的时间是2019年7月1日，那么在此之前的时间所代表的就是"过去的自我"，7月1日所代表的是"现在的自我"，而7月1日之后的时间所代表的就是"将来的自我"。前人的研究发现，当一个时间标志被启动的时候，个体会觉得他们"现在的自我"与"过去的自我"及"将来的自我"更加不同、联结性更少（Dai et al.，2014；Peetz and Wilson，2014）。具体而言，当一个时间标志被启动的时候，个体会感觉"现在的自我"比"过去的自我"更加优秀，但是"未来的自我"与"现在的自我"相比却更加优秀。这就导致了当一个开端时间标志被启动的时候，个体更容易去展望未来而看到未来更加优秀的自己。同时，个体也会使用时间标志将"现在的自我"与更加糟糕的自我区分开来以对现在的自己进行保护。例如，Peetz和Wilson（2014）的研究发现，当个体认为将来的自己会变得更加糟糕的时候，个体更倾向于采用一个时间标志将"现在的自我"与"将来的自我"区分开来。

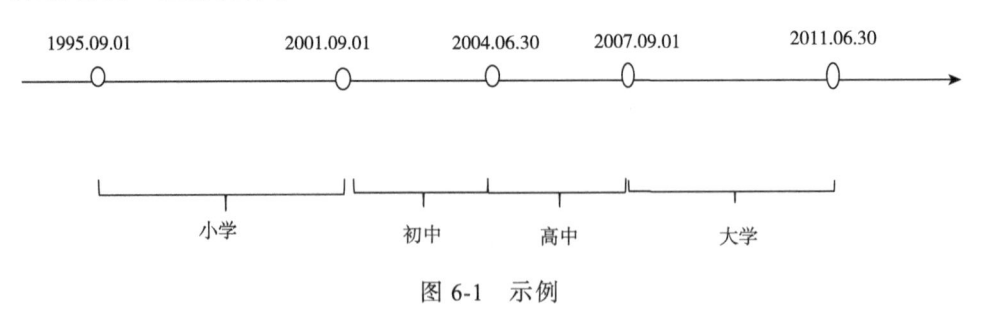

```
1995.09.01      2001.09.01   2004.06.30   2007.09.01      2011.06.30
────○───────────────○────────────○────────────○───────────────○──────▶

      └────小学────┘└──初中──┘└──高中──┘└────大学────┘
```

图 6-1 示例

三、时间标志对记忆的影响

前人有关时间标志对个体记忆的影响研究相对较少。据笔者统计，到目前为止，仅有两篇文章探索了时间标志对个体记忆的影响。Kurbat等（1998）

的研究发现,相比较一个时间段中间的时候,个体对于一个时间段的两端边界的记忆更加深刻。例如,2001年的9月1日是笔者初中开学的日子,2004年6月30日是笔者初中毕业的时间。相比较2001年到2004年之间三年的时间,更多的临近两端发生的事情(初中开学、初中毕业)更容易被记住。此外,Zauberman等(2010)的研究发现,与时间标志有关的记忆会影响个体对时间的感知。当与时间标志相关的标记更多的时候,个体会感觉这个时间标志距离现在更加遥远。

四、特殊时间标志效应

尽管前人的研究已经证实了一个启动的时间标志对个体身份认知及记忆的影响,更多的研究探索了一个有特殊意义的时间标志对个体的影响,如开端时间标志与末端时间标志。开端时间标志是指一个时间段的开始(如一个月的第一天等);末端时间标志是指一个时间段的结束(如周末)。

针对开端时间标志的研究发现,当一个开端时间标志被启动的时候,个体具有更强烈的愿望去追求理想中的行为(Dai et al., 2014; Kouchaki and Smith, 2014; Touré-Tillery and Fishbach, 2015; Hennecke and Converse, 2017)。例如,Dai等(2014)发现,在年初的时候,人们会更多地在网上搜索理想的行为,如更健康的饮食及运动健身等。Kouchaki和Smith(2014)的研究提出了一个"早晨道德效应"(The morning morality effect)。他们的研究发现,相比较在晚上进行测试的学生,在早晨进行考试的时候,作弊的学生更少。虽然这些研究都发现了开端时间标志对个人追求理想行为的正向影响,研究者对该影响发生的解释机制却有所不同。第一种解释机制研究的是开端时间标志对个体心理资源的影响。Kouchaki和Smith(2014)发现,当一个开端时间标志被启动的时候,个体会认为自己拥有更多的自我控制资源(self-regulatory resources),因此他们自我控制的能力也就越高。另外一个例子是Hennecke和Converse(2017)的研究发现,当一个开端时间标志被启动的时候,由于他们拥有的自我控制资源更多以及感受到的限制更少,他们会更多地对未来进行规划。第二种解释机制关注的是开端时间标志对自我认知的影响。由于一个时间标志可以将个体分为不同的自我:"过去的自我""现在的自我""将来的自我"。当一个开端时间标志被启动的时候,个体会更加倾向于做自我审视,因此他们会更加强烈地感受到"现在的自我"与理想的"将来的自我"之间的差距。因此,他们会进行更多的自我控制行为(Touré-Tillery and Fishbach，2015）。Dai等（2015）的研究发现，当一个开端时间标志被启动的时候，个体会更加强烈地感受到"现在的自我"与更加糟糕的"过去的自我"之间的差距，因此，他们会产生更多的追求理想行为的动机。

与开端时间标志的研究不同的是，末端时间标志的研究相对较少。仅有的文章基本上集中于对截止日期（deadline）的探讨。例如，基于目标等级理论（goal-gradient hypothesis）(Hull，1932)，Kivetz等（2006）发现，当时间越来越接近一个截止日期的时候，个体往往会投入更多的时间、精力去加速完成任务。Zhu等（2019）的研究提出了一个"简单截止日期效应（mere deadline effect）"。他们发现，相比较一个短时间的目标，当接近一个长时间目标的截止日期时，个体会投入更多物理资源与心理资源去帮助自己实现这一目标。

五、对时间标志的操控

在前人的研究中，对时间标志的操控主要集中于对开端时间标志的操控。他们的研究往往采用三种方法对开端时间标志进行操控。第一种方法是，采用自然时间点。例如，Dai等（2014）搜集了个体在Google上的搜索行为这一二手数据，然后利用自然时间点，如年初、月初、周初，对二手数据进行分析。第二种操控方法是对同一时间点的重新描述。例如，Dai等（2015）的研究将2014年3月20日进行了不同的描述。在开端时间标志组，他们将2014年3月20日描述成"星期四，2014年春天的第一天"。在控制组，他们将2014年3月20日描述为"星期四，2014年3月的第三个星期四"。第三种对时间标志的操控方法主要集中于对个人有意义的事件的操控。例如，让被试想象一下今天是一个名叫"Chang"的中国人的36岁的生日。在开端时间标志组，被试被告知在中国文化中，12年为一轮回，所以36岁生日对Chang来说是第四个12年的第一年。在控制组，被试没有被告知这一点。

综上，前人已经对时间标志进行了一定的探讨，但这些研究结果主要集中于探索一个激活的时间标志对个体自我评价、目标追逐、资源感知及资源配置的影响。前人的研究也具有一定的局限性。首先，前人研究主要集中于开端时间标志对个体行为的影响，对于末端时间标志的研究相对较少。因此，在本书中主要关注末端时间标志对消费者怀旧偏好的影响。我们认为，当一个末端时间标志被启动的时候，消费者更加偏好怀旧品牌与怀旧产品。

其次，前人对于时间标志的研究主要集中于心理学领域，较少地研究探索时间标志效应在营销学领域的运用。然而，时间标志对企业的营销策略及消费者偏好会产生显著的影响。例如，每一年的"双十一"促销就是一个时间标志对消费者购买行为产生影响的最好的例子。因此，为了研究时间标志在营销学领域的运用，在本书中，我们重点关注了一种特殊的营销策略：怀旧营销策略。我们认为，当一个末端时间标志被启动的时候，消费者会更加偏好怀旧策略。

最后，最重要的是，前人对时间标志的影响研究主要集中于不同的时间标志对个体认知维度的影响，如对个体的认知资源、动机及行为的影响，很少有研究探索时间标志对其他变量的影响。

第二节 末端时间激发怀旧消费的心理机制

一、末端时间标志对消费者主观时间感知的影响

当个体在描述他们生活的时候，他们往往会将自己的生活分为不同的"章节"来进行描述，如高中生活、大学生活、第一份工作、第二份工作、退休后等（Skowronski et al., 2007）。同样地，当他们去描述一个时间的时候，他们也会运用不同的"时间心理账户（mental account）"。例如，当一个人提到8月15日的时候，实际上他已经将时间分成了不同的月份（也就是不同的"时间心理账户"），如8月、9月、10月等。15日这一天就落在了"8月"这一"时间心理账户"中。时间标志则可以作为一个时间心理账户与另一个时间心理账户的分界线（boundary），将一个人的生活区分为不同的"时间心理账户"，或者将时间分为不同的"时间心理账户"（Skowronski et al., 2007; Peetz and Wilson, 2013; Thomsen, 2015; Peetz and Epstude, 2016）。例如，第一天去大学报到的时间与大学毕业的时间就是两个分界线。通过这两个分界线，一个人可以将他们的生活分隔出特殊的一段时间，这段时间就是"大学"。除了个人经历中的"时间心理账户"，时间标志也可以将自然时间分成不同的时间段（time chunks），包括周、月及年等（Peetz and Wilson, 2013; Hennecke and Converse, 2017）。例如，当我们形容"80后"的时候，我们指的是从1980年到1989年出生的人。1980年与1989年就是两个分界线，将"80后"与其他年龄段的人区分开来。同样的是，当我们想到"月份"的时候，我们往往也会想到两个分界线，即一个月的第一天与一个月的最后一天。例

如，8月1日与8月31日这两个时间标志就可以在日历上将八月分隔出来。

前人的研究发现，当一个时间标志被启动的时候，个体的认知与行为也会随机发生变化（Koriat and Fischhoff, 1974; Shum, 1998; Tu and Soman, 2014; Dai et al., 2014, 2015; Hennecke and Converse, 2017）。例如，Koriat 和 Fischhoff（1974）发现，时间标志在个体的记忆中更加突出，因此他们会花费更少的时间去回忆起这些时间标志。Tu和Soman（2014）发现，当一个事情的截止日期在一个末端时间标志之前（相比较截止日期在一个末端时间标志之后），个体会产生更强烈的意愿去完成这件事情。

与前人的研究不同，在本书中我们假设当一个末端时间标志被启动的时候，消费者会更加强烈地感受到他们的时间资源是有限的。因为当一个人去想象时间的时候，往往把时间放在一个自左往右的水平时间轴上。在这个水平的时间轴上存在着许多时间标志，而这些时间标志将这个水平的时间轴分割成了一段一段的时间。这一段段的时间往往开始于一个处于水平时间轴左边的开端时间标志，而结束于在开端时间标志右边的末端时间标志。处于中间的一段一段的时间就是我之前所解释的"时间心理账户"，即大学时间或者9月份。当你处于一个末端时间标志的时候，在这个水平轴上末端时间标志的左边都是已经使用过的时间，而这个末端时间标志又好像是一个边界将你圈在了一个"时间心理账户"里面。因此，在心理上你会比较困难地去想象越过这个边界到下一个"时间心理账户"里面。由于你感觉到此时此刻之前的时间都是你使用过的时间，那么反过来，你就会更加强烈地感觉到你的剩余时间是有限的（图6-2）。

图 6-2　末端时间标志示例

因此，基于以上的讨论，我们假设，当一个末端时间标志被启动的时候，消费者更强烈地感觉到他们的时间资源是有限的。

二、有限的时间资源对怀旧品牌偏好的正向影响

我们认为，当一个消费者感觉他们的时间资源是有限的时候，他们会对怀

旧品牌产生更加积极的态度。因为对于每个人来说，时间资源都是一种有意义的、非常重要的资源，与个体的幸福感密切相关（Festjens and Janiszewski，2015）。因此，当个体感觉到他们的剩余时间快要用完或者时间资源有限的时候，他们会想要采取一些行动来消除这些消极的感受。例如，Charles和Carstensen（2010）的研究发现，当个体感觉到他们的剩余时间有限的时候，他们会将自己有限的时间资源用到对他们更有意义的事情上去。在本章研究1中，我们假设，当一个消费者感觉他们的时间资源有限的时候，他们会通过怀旧消费来消除这种消极的感受。

这是由于当消费者进行怀旧消费的时候，他们会产生更多的怀旧情绪与怀旧想法（Muehling and Sprott，2004）。怀旧情绪与怀旧想法可以帮助他们弥补末端时间标志造成的有限时间资源感知。这是因为怀旧可以改变在时间轴上的时间点。当个体产生怀旧情绪的时候，他们往往会回忆起他们曾经与重要的社会关系一起经历的一些事情，如感恩节的聚餐及与朋友的旅行等。这些回忆往往具有有形的画面与生动的场景，就好像给了他们一种幻觉让他们回到了过去去重新经历了这些事情（Holak and Havlena，1998）。因此，当个体感觉他们回到了过去重新经历以往发生的事情的时候，他们会感觉他们所处的时间点并不是现在的时间点（末端时间标志），而是之前的某个时间点。因此，他们离一个"时间心理账户"的最右端不会很接近，他们也不会强烈地感觉到他们的时间资源是有限的。因此，我们假设，当消费者感觉他们的时间资源有限的时候，他们会对怀旧品牌或者怀旧产品产生更强烈的偏好（图6-3）。

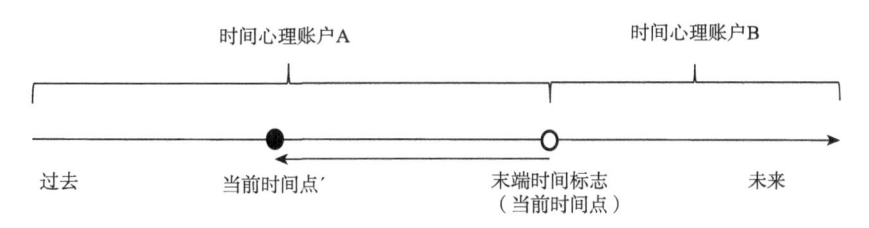

图 6-3 时间心理账户示例

综上所述，基于以上讨论，我提出一个"末端时间标志效应"。

H6-1：相比较一个普通的时间点，当一个末端时间标志被启动的时候，消费者会对怀旧品牌产生更强烈的偏好。消费者的主观时间感知在其中起到了中介作用。具体来说，相比较一个普通的时间点，当一个末端时间标志被启动的时候，消费者会感觉他们的剩余时间是有限的，因此，他们会对怀旧品牌产生更加强烈的偏好。

三、时空指向的调节作用：回忆过去 vs.展望未来

我们认为不同的时空指向会改变末端时间标志对怀旧品牌偏好的影响。具体来说，当一个消费者回忆过去的时候，末端时间标志对怀旧品牌偏好的影响依旧存在；而当一个消费者展望未来的时候，末端时间标志对怀旧品牌的偏好的影响就会消失了。我们认为时空指向对末端时间标志对怀旧品牌偏好的影响是由以下三个方面导致的。

第一，怀旧是一种特殊形式的对过去的回忆（Wildschut et al., 2006）。所以，一个回忆过去的个体更容易体会到怀旧情绪。一个展望未来的个体则相对不容易感受到怀旧情绪。这是因为他们在认知上的行为是正好相反的。因此，我们假设，当一个消费者展望未来的时候，末端时间标志对怀旧品牌偏好的影响也就消失了。

第二，前人的研究发现，过去的事件与将来的事件的解释水平不同。一个过去的事件通常会被认为更加的详细与具体，而未来的事件则会被理解为更加的抽象（Grant and Tybout, 2008；van Boven et al., 2009）。因此，当一个人回忆过去的时候，他们往往会产生更加具体的解释水平（concrete construal level），而在展望未来的时候，他们会产生更加抽象的解释水平（abstract construal level）。根据怀旧的定义，当一个人怀旧的时候，他们往往会回忆起曾经与他们重要的社会关系一起经历的一些事情，这些回忆往往具有有形的画面与生动的场景，就好像给了他们一种幻觉，他们回到了过去重新经历了那些事情（Holak and Havlena, 1998）。因此，怀旧与具体的解释水平在思维方式上更加一致，具有具体的解释水平的被试在处理怀旧信息的时候会感觉到更加的流畅。因此我们假设，当一个消费者回忆过去的时候，末端时间标志对怀旧品牌的影响依旧存在；而当一个消费者展望未来的时候，末端时间标志对怀旧品牌偏好的影响也就消失了。

第三，根据我们之前的假设，怀旧消费可以让人产生一种幻觉，他们可以回到过去，重新经历一次过去发生的事情。因此，他们就不再感觉到由于启动的末端时间标志造成的剩余时间有限的感知。当一个消费者展望未来的时候，他们其实已经跨越了末端时间标志产生的边界，因此，他们就不会感到自己的剩余时间是有限的。当一个消费者不再感到自己的剩余时间有限的时候，他们就不再需要进行怀旧消费去帮助他们补充时间资源。因此，末端

时间标志对消费者怀旧偏好的影响也就消失了。

综上所述，我们提出了以下假设。

H6-2：时空指向会调节末端时间标志对怀旧偏好的影响。具体来说，当一个消费者回忆过去的时候，末端时间标志对消费者怀旧偏好的影响依旧存在；而当一个消费者展望未来的时候，末端时间标志对消费者怀旧偏好的影响就会减弱。

四、有关结束不同看法的调节作用

我们假设，对结束的不同看法会改变末端时间标志对怀旧偏好的影响。根据我们之前的推导，当一个末端时间标志被启动的时候，消费者会对怀旧品牌产生更强的偏好，这是由于这个时间标志在时间轴上代表着一个时间心理账户的右边边界、一个时间段的结束。但是如果消费者认为一个结束并不仅仅是一个结束的时候，他们就不会认为一个时间标志代表着末端，因此末端时间标志对怀旧品牌偏好的影响也应该消失了。

因此，基于以上讨论，我们提出以下假设。

H6-3：对结束的不同看法会调节末端时间标志对怀旧偏好的影响。具体来说，当消费者认为结束不仅仅是一个结束而是一个全新的开始的时候，末端时间标志对怀旧偏好的影响也就消失了。

第三节 末端时间与怀旧消费的关系分析

在正式实验之前，我们首先进行了一个前测实验来检验什么时候被试认为是一天的结束及一个月的结束。我们通过一个国内的网上数据搜集公司进行了这次前测实验。139名被试参加了这次前测实验，其中包含了79名女性，平均年龄为33.10岁。我们告知这次实验的目的是了解被试对时间的感知。因此，被试需要回答三个问题：在什么时间点之后，你认为一天到了结束的时候；在哪一天之后，你认为一个月到了结束的时候；在哪一天之后，你认为一年到了结束的时候。

对前测实验的描述性分析结果显示，82.01%的被试认为，下午6点之后，一天就到了结束的时间点；此外，83.46%的被试认为，每个月的25号之后，一个月也到了月末。92.09%的被试认为，在每一年的12月1日之后，一年也就到了年末。因此，基于以上的调研结果，我们在预实验中用年（12月31日）来操控末端时间标志；在研究1与研究4中，使用天（晚上10点）来操控末端时间标志；在研究2中，使用月（10月31日）来操控末端时间标志；在研究3中，我们使用学期末来操控末端时间标志。

接下来的安排如下，预实验中我们会检验消费者在年末的时候是否会对怀旧品牌更加偏好。研究1通过三个子实验进一步地证明了末端时间标志对怀旧品牌偏好的正向影响。研究2验证了消费者的主观时间感知在末端时间标志对怀旧品牌偏好影响中的中介效应。研究3验证了时空指向（回忆过去vs.展望未来）对末端时间标志对怀旧品牌偏好影响的调节作用。我们假设，当被试展望未来的时候，末端时间标志对怀旧品牌偏好的影响将会消失。研究4验证了对结束点不同看法起到的调节作用。我们假设，当被试认为结束并不是一个结束而是一个新的开始的时候，末端时间标志对怀旧品牌偏好的影响也会不存在。

预实验

预实验的目的在于检验消费者在年末的时候是否会对怀旧品牌更加偏好。在这个预实验中，我们选择了一个公司在年末的时候（末端时间标志组）或其他时间点（控制组）搜集了数据。我们选取了三个产品品类并对消费者的偏好进行了测量。我们假设，相比较其他的时间点，当我们在年末收集数据的时候，公司员工更加偏好怀旧品牌。我们在中国一家电信公司搜集了161名员工来完成这次调查，其中包括77名女性，平均年龄为29.60岁。这次实验是一个单因素因子设计实验（末端时间标志组vs.控制组）。

我们将这次预实验包装成一个品牌态度调查。在预实验的一开始，我们告知被试这次预实验会在不同的时间段进行，因此，我们需要记录下每个被试参加这次调查的时间。我们通过这个方法来操控末端时间标志。具体来说，我们分两天来收集这次预实验的数据。在末端时间标志组，我们于12月31日收集数据。因此被试需要在问卷的一开始写下12月31日这一日期。在控制组，我们在1月3日这一天来搜集数据。因此被试需要在问卷的一开始写下1月3日这一日期。

之后，被试需要想象一下他们现在正在一家超市里购物，他们需要购买一些产品。我们让被试在三个产品品类中分别选择他们最喜欢的品牌。每个产品品类下，我们都提供给被试四个品牌，其中两个品牌是怀旧品牌，两个品牌是非怀旧品牌。被试需要在每个产品品类下选出一个最喜欢的品牌：糖果（怀旧品牌：大白兔奶糖、喔喔奶糖；非怀旧品牌：悠哈、Fujiya）；运动饮料（怀旧品牌：旭日升、健力宝；非怀旧品牌：激活、脉动）；运动鞋（怀旧品牌：双星、回力；非怀旧品牌：匡威、鸿星尔克）。我们设计了一个前测实验验证了我们选择的品牌是否代表了怀旧品牌与非怀旧品牌。在前测实验中（n=15），我们让被试回答了两个问题（Loveland et al., 2010）：在多大程度上这一品牌让你回忆起了过去？在多大程度上这一品牌让你产生了怀旧情绪？（1=完全没有，7=非常）。同时，我们测量了被试的品牌态度（1=非常不喜欢，7=非常喜欢）。为了排除品牌原始态度对实验结果的影响，我们需要怀旧品牌与非怀旧品牌在品牌态度上没有差异，但是在引起的怀旧情绪上有显著的差异。前测实验的结果显示，正如我们希望的，怀旧品牌与非怀旧品牌在品牌态度上没有显著的差异（$M_{怀旧品牌}$=3.49，$M_{非怀旧品牌}$=3.30，$F(1, 14)$=0.65，p>0.05），但是在怀旧情绪上存在显著的差异（$M_{怀旧品牌}$=3.52，$M_{非怀旧品牌}$=2.43，$F(1, 14)$=30.49，p<0.001）。因此，我们对怀旧品牌与非怀旧品牌的选择是成功的。在被试完成了品牌选择之后，被试回答了一些人口统计信息的问题，并且被告知了实验目的。

以消费者选择为因变量的卡方检验的结果显示，在每一个产品品类中，相比较控制组的被试，处于末端时间标志组的被试更加偏好怀旧品牌（糖果品牌：63.14% vs. 45.45%，$\chi^2(1)$=4.94，p=0.026；运动饮料：76.71% vs. 62.50%，$\chi^2(1)$=3.76，p=0.052；运动鞋品牌：65.75% vs. 40.91%，$\chi^2(1)$=9.87，p=0.002），如图6-4所示。

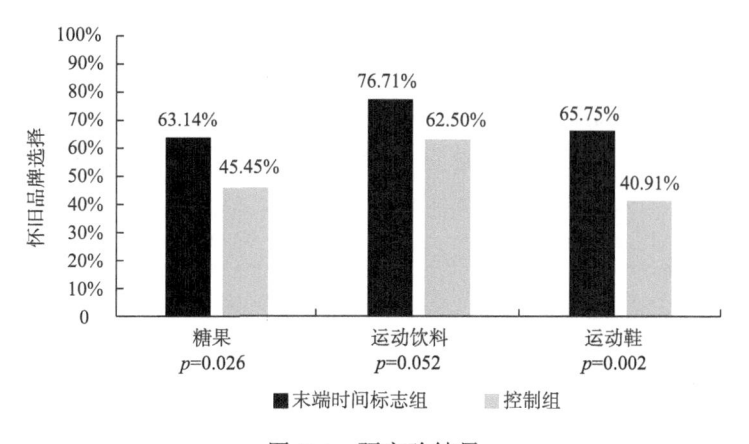

图6-4 预实验结果

预实验的结果支持了我们的H6-1。当一个末端时间标志被启动的时候，被试对怀旧品牌具有更高的偏好。虽然预实验为我们的H6-1提供了初步的实证支持。但是预实验依旧存在一些局限性。其一，预实验是在12月31日与1月3日两天搜集的数据。相比较1月1日，1月3日更像是一个控制组，但是1月3日同样有可能启动了开端时间标志。因此，我们不知道被试在末端时间标志时更喜欢怀旧品牌还是在开端时间标志时更不喜欢怀旧品牌。因此，我们在接下来的实验中需要直接比较末端时间标志组与控制组。其二，在预实验中，我们在两个不同的时间点（12月31日与1月3日）来搜集数据。被试有可能在两个不同的时间点产生不同的身体状态与情绪状态。因此，在接下来的实验研究中，我们将在一天中收集数据以消除不同时间点对研究结果的潜在影响。

研究1 末端时间标志和怀旧感的关系

研究1有两个主要目的。第一，我们想要验证我们所提出的末端时间标志效应，即当一个末端时间标志被激活的时候，消费者会提升对怀旧品牌的品牌态度。在研究1中，我们采用了不同的方法来激活末端时间标志。具体来说，在研究1a中，我们展示给被试三幅分别拍摄于晚上10点或者中午的图片，然后让被试写下自己的感受。在研究1b中，我们让被试去装饰自己的房间，并通过透过房间的月光（或者是日光）来操控末端时间标志。在研究1c中，我们通过感谢被试在一天的结束时间段（末端时间标志组）或者仅仅感谢被试（控制组）来操控末端时间标志。第二，在研究1中，我们通过采用不同的方法来测量消费者的怀旧品牌偏好来验证末端时间标志效应。具体来说，在研究1a中，我们提供了被试一场怀旧音乐会或非怀旧音乐会并且让被试进行了音乐会的选择。在研究1b中，我们让被试选择一幅挂图去装饰他们的房间，我们提供给被试十幅图片（包括五幅怀旧挂图及五幅非怀旧挂图）。在研究1c中，我们让被试对真实的橄榄球宣传照进行选择（一张怀旧宣传照，一张非怀旧宣传照）。

1. 研究1a

我们从Amazon Mechanical Turk（简称Mturk）上搜集了150名被试参加实验并将他们随机分配到末端时间标志组或控制组。研究1a由两个相互独立的实验任务组成。在第一个实验任务中，我们操控了末端时间标志。我们给被试提供了三张街景图片。在末端时间标志组中，我们告知被试这三张图片拍摄于晚上10点；而在控制组中，我们告知被试这三张图片拍摄于中午12点。在实验任务一中，我们让被试先浏览这三张图片，然后想象一下如果他们置身于图片中的场景，他们会做些什么，以及会有怎样的想法与感受。

在第二个实验任务中，我们告诉被试现在他们有一张音乐会门票兑换券。被试可以用这张兑换券在接下来的表演季中去兑换一场音乐会。目前，有两场音乐会还有空余票可供被试进行挑选。其中一场音乐会的主题是"记忆中的歌声"。在这场音乐会中，乐队主要演奏20世纪60年代、70年代及80年代的流行歌曲。另外一场音乐会的主题是"今天的歌声"。在这场音乐会中，乐队主要演奏2015年流行的20首歌曲。在被试阅读了两场音乐会的介绍之后，他们需要选择其中一场音乐会来兑换他们的门票兑换券。之后，我们通过两个测项来测量我们对怀旧音乐会的操控是否成功（"记忆中的歌声"让我回忆起了过去，"记忆中的歌声"让我产生了怀旧情绪；$r=0.739$，$p<0.001$）。在回答完这些问题之后，被试回答了一些人口统计信息方面的问题，并且被告知了实验目的。

为了检验我们对怀旧音乐会的操控是否成功，我们采用了2（音乐会：怀旧音乐会vs.非怀旧音乐会）×2（时间标志：末端时间标志vs.控制组）重复测量方差分析。结果显示，相比较非怀旧音乐会（$M=2.22$），被试对怀旧音乐会产生了更强的怀旧情绪（$M=5.31$，$F(1,149)=355.65$，$p<0.001$）。除此之外，时间标志的主效应及时间标志与音乐会种类的交互效应都不显著（$ps>0.10$）。以上结果显示，我们对音乐会的操控是成功的。

为了验证我们的研究假设，我们以音乐会的选择为因变量进行了卡方检验。结果显示，相比较一个普通的时间点，当末端时间标志被启动的时候，被试更倾向于选择怀旧音乐会而不是非怀旧音乐会（67.11% vs. 50%，$\chi^2(1)=4.52$，$p=0.033$）。因此，H6-1得到验证。

研究1a验证了末端时间标志对怀旧品牌偏好的影响。通过两个毫不相关的实验任务，我们发现，当一个末端时间标志被启动的时候，被试会更加偏好怀旧音乐会。但是研究1a具有一定的局限性。研究1a的局限性在于，我们通过两个实验任务去分别操控末端时间标志与测量怀旧品牌偏好。这样操纵对营销实践的指导意义不高。另外，我们通过不同的街景图片来操控末端时间标志与控制组。但是，这样操控除了可以操控出不同的时间标志外，也引入了其他的影响因素，如不同的图片颜色等。在接下来的实验中，我们将解决这一问题。

2. 研究1b

我们通过Mturk以在线实验的方式共搜集了107名被试（其中52名女性，平均年龄30.73岁）。被试被随机分配到末端时间标志组或者控制组。本实验所有的任务都在电脑上完成。我们告诉被试这个实验的目的在于了解被试会怎样去装饰自己的房间。在这一实验中，我们提供给被试一张房间图片。我们让被试想象这一间房间就是他们将要搬进去的房间。因此他们需要购买一些装饰品来装饰这间房间。在末端时间标志组，被试可以透过房间的窗户看到夜色，以及一缕月光透过窗户照进房间。在控制组，只有阳光透过窗户照进房间。之后，我们告诉被试他们可以选择一幅挂图挂在墙壁上。我们提供了10幅图片供被试选择，其中五幅怀旧图片，五幅非怀旧图片。针对这10幅图片的前测（$n=32$）结果显示，非怀旧图片与怀旧图片在喜爱程度上没有显著区别（$M_{怀旧}=5.25$，SD=0.80，$M_{非怀旧}=5.26$，SD=0.93，$F(1,31)=0.002$，$p>0.1$）。但是它们在引起怀旧情绪的程度上有显著的区别。具体来说，相比较非怀旧图片，怀旧图片引起了更强烈的怀旧情绪（$M_{怀旧}=4.46$，SD=0.91，$M_{非怀旧}=3.13$，SD=0.94，$F(1,31)=55.96$，$p<0.001$）。我们随机排列了这10幅图片。当被试选择其中一幅图片之后，他们可以进入下一页去看图片挂在墙上的效果。如果被试看了效果图之后对选择的图片不满意，他们可以回到上一页去修改他们的选择。当他们最终确定了一幅图片后，他们可以进入下一页去回答一系列有关人口统计信息的问题然后结束本次实验。

首先，我们对被试的选择进行了重新编码。具体来说，我们将选择任何一幅怀旧图片编码为1，并且将选择任何一幅非怀旧图片编码为0。卡方检验的结果显示，相比较于控制组，当末端时间标志被启动的时候，被试更倾向于选择怀旧图片（37.74% vs. 20.37%，$\chi^2(1)=3.92$，$p=0.048$）。因此，H6-1得到验证。

研究1b再一次验证了末端时间标志对怀旧品牌偏好的影响。与研究1a不同的是，研究1b在同一个实验任务中同时操控了末端时间标志、测量了怀旧品牌偏好。我们发现，当一个末端时间标志被启动的时候，被试更加偏好怀旧品牌。在接下来的实验中，我们将进行一个真实的海报选择实验。被试将会有15%的概率真实地获得他们选择的海报。

3. 研究1c

研究1c采用的是2（时间标志：末端时间标志vs.控制组）×2（怀旧海报

摆放位置：左边vs.右边）组间实验设计。我们在美国一所州立大学中招募了115名学生（其中包括59名女性，平均年龄20.60岁）参加实验并且将其随机分配到四组中的一组中。

我们在2018年3月6日与3月7日下午3点后进行实验。因为这一时间是绝大多数学生完成了一天课程的时间点。首先，我们让被试完成一个填充实验。这个实验任务与我们的假设无关。在这个实验任务中，被试需要就商学院主楼的装饰及设备配置提出一些建议与意见，如需要在什么地方放置桌椅、沙发等。当被试完成这个填充实验任务之后，我们在屏幕上呈现给被试一张感谢卡。我们通过感谢卡上不同的文字来操控时间标志。在末端时间标志组，我们在感谢卡上写上："感谢您在今天的最后参加我们的实验。为了表达我们的感谢，我们为您准备了一份小礼物。您有15%的概率获得学校橄榄球队的一幅海报。"在控制组，我们在感谢卡上写上："感谢您参加我们的实验，为了表达我们的感谢，我们为您准备了一份小礼物。您有15%的概率获得学校橄榄球队的一幅海报。"我们同时呈现给被试两张海报供被试选择。我们将怀旧海报随机放在了屏幕的左边或者屏幕的右边以消除怀旧海报摆放位置对实验结果的影响。在被试选择了他们更喜欢的一幅海报之后，他们需要留下他们的邮箱以便我们在实验结束之后通知他们领取奖励。

我们采用了Logistic回归对实验结果进行分析。其中，怀旧海报的选择为因变量，时间标志（末端时间标志vs.控制组）、怀旧海报的摆放位置（左边vs.右边）以及时间标志与怀旧海报的摆放位置的交互作用为自变量。Logistic回归结果显示，时间标志对怀旧海报的选择有显著的影响（$\beta=2.51$，wald $\chi^2=3.77$，$p=0.05$）。具体来说，相比较控制组，当末端时间标志被启动的时候（在感谢卡上明确表明"今天的最后"），被试更倾向于选择怀旧海报作为他们的奖励。这一结果支持了H6-1。除此之外，Logistic回归结果显示，怀旧海报的摆放位置对怀旧海报的选择有显著的影响（$\beta=2.51$，wald $\chi^2=3.77$，$p=0.05$）。具体而言，当怀旧海报位于屏幕左边的时候，被试更容易选择怀旧海报。这一结果也与之前的研究相符合（Chae and Hoegg，2013）。此外，时间标志与怀旧海报摆放位置之间的交互效应是不显著的（$\beta=-1.25$，wald $\chi^2=2.52$，$p>0.1$）。

研究1通过三个子实验为我们提出的末端时间标志效应提供了初始的实证证据。具体而言，我们发现，相比较一个普通的时间点，当一个末端时间标志被启动的时候，被试对怀旧品牌具有更高的偏好。为了验证这一假设，我们采用了不同的方法去操控末端时间标志，并且采用了不同的方法来测量怀旧品牌偏好。在研究1a中，我们通过不同的实验任务来分别操控末端时间标志及测量怀旧品牌偏好。这种方法的局限性在于操控时间标志的方法过于刻意以及给管理者的营销启示有限。因此，在研究1b中，我们仅采用一个实验任务来同时操控末端时间标志及测量怀旧品牌的偏好。相比较研究1a，研究1b更贴近真实的消费者选择过程，因此可以提供给真实的管理者以营销启示。相比较研究1a与研究1b，在研究1c中，被试进行了真实的选择，并且可以有15%的概率获得海报作为奖励。同时，研究1c采取了更加微妙的方法来操控末端时间标志。因此，研究1c更加贴近真实的消费场景。

总结来说，研究1通过三个子实验为末端时间标志对怀旧品牌的偏好的影响提供了可靠的实证依据。但是，研究1的局限在于无论是研究1a、研究1b或者研究1c，我们采用的都是一天的结束来操控末端时间标志。那么，我们提出的末端时间标志效应是否在其他的时间段也一样成立呢？例如，消费者是否在月末、年末的时候更加偏好怀旧品牌呢？我们将在接下来的研究中解决这一问题。另外，为什么消费者会在末端时间标志时更加偏好怀旧品牌呢？这一效应背后的影响机制是什么呢？在研究2中，我们将通过验证被试的主观时间感知的中介作用来验证末端时间标志效应的影响机制。

研究2 末端时间标志对怀旧偏好的机制研究

研究2的目的是检验末端时间标志对怀旧偏好影响的背后机制。具体来说，我们假设，相比较一个普通的时间点，当末端时间标志被启动的时候，被试具有更强的主观时间感知，即被试认为他们剩余的时间更少。主观时间感知的增强可以提升被试对怀旧品牌的偏好。

我们从一个中文问卷调查公司（第一调查网）招募了126名被试（其中包括54女性，平均年龄为33.48岁）。研究2是单因素组间被试设计。126名被试被随机分配到末端时间标志组或者控制组中的一组。

我们在2015年10月31日这一天进行实验。在实验的一开始，我们对末端时间标志进行了操控。在末端时间标志组，我们告诉被试我们在不同的时间点进行实验，因此我们需要记录下被试参加实验的时间。因此在末端时间标志组，被试需要在10月的日历上圈出10月31日这一时间。不同的是，在控制组，我们告诉被试我们发放不同实验给不同的被试，因此我们需要记录下他们参加的实验编号。具体而言，他们参加的实验于10月17日设计。因此被试需要在10月的日历上圈出10月17日这一时间。

之后，我们测量了被试的主观时间感知。我们通过两个测项来测量被试的主观时间感知，分别是：请问你在多大程度上认为你的时间用光了，请问你在多大程度上认为你剩余的时间是有限的（1=完全不，7=非常，$r=0.664$，$p<0.001$）（Lang and Carstensen，2002）。我们通过对这两个测项的平均值来测量主观时间感知。

与研究1a相似，同样地，我们通过一个音乐会门票兑换任务来测量怀旧品牌偏好。具体而言，我们告诉被试他们有一张音乐会门票兑换券。并且有两场音乐会还有余票可供被试进行挑选。其中一场音乐会的主题是"记忆中的歌声"。在这场演唱会中，乐队主要演奏20世纪60年代、70年代及80年代的流行歌曲。另外一场音乐会的主题是"今天的歌声"。在这场演唱会中，乐队主要演奏2015年流行的20首歌曲。在被试阅读了两场音乐会的介绍之后，他们需要判断出这两场音乐会的相对偏好（1=更偏好音乐会A（非怀旧音乐会），11=更偏好音乐会B（怀旧音乐会））。在完成了这些实验任务之后，被试回答了一些有关人口统计的问题，然后结束本次调查。

首先，我们对音乐会的操控进行了操控检验。2（音乐会种类：怀旧音乐会vs.非怀旧音乐会）×2（时间标志：末端时间标志vs.控制组）重复测量方差分析的结果显示，演唱会种类对怀旧情绪的影响具有显著影响。具体来说，相比较非怀旧音乐会（$M=4.49$），怀旧音乐会让被试产生更多的怀旧情绪（$M=5.37$，$F(1,125)=57.55$，$p<0.001$）。除此之外，时间标志及时间标志与音乐会种类的交互效应都不是显著的（$ps>0.10$）。因此，综上所述，我们对怀旧音乐会、非怀旧音乐会的操控是成功的。

接下来是假设检验。以音乐会偏好为因变量的单因素方差分析的结果显示，相比较普通的时间点（$M=5.89$，$SD=3.58$），末端时间标志组的被试更加偏好怀旧音乐会（$M=7.17$，$SD=3.54$，$F(1,124)=4.10$，$p=0.045$）。因此，H6-1再次得到验证。

为了厘清末端时间标志对怀旧品牌偏好的影响机制，我们采用了Hayes（2013）bootstrapping方法验证主观时间标志的中介效应。结果显示，当末端时间标志被启动的时候，被试会产生更多的主观时间感知，即末端时间标志组的被试更容易认为他们的剩余时间是有限的（$\beta=0.52$，$t=1.90$，$p=0.060$）。被试的主观时间感知会提高他们对怀旧音乐会的相对喜爱程度（$\beta=0.42$，$t=2.07$，$p=0.041$）。此时，末端时间标志对怀旧音乐会的直接效应不显著（$\beta=1.07$，$t=1.68$，$p=0.096$）。更重要的是，主观时间感知的中介效应为0.22，其所在置信区间不包括0（95% CI=0.009~0.713）（图6-5），表明主观时间感知的中介效应是显著的。

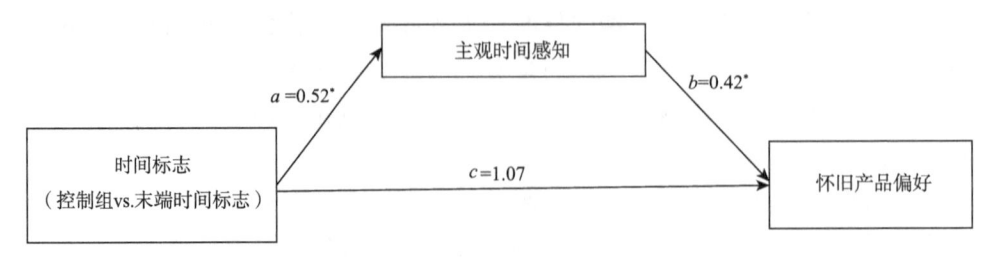

```
                    主观时间感知
           a=0.52*              b=0.42*
   时间标志                              怀旧产品偏好
(控制组vs.末端时间标志)    c=1.07
```

备注：间接效应=0.22，95% CI=0.009~0.713

图 6-5　分析结果
*表示 $p<0.05$

通过研究2，我们证实了主观时间感知在末端时间标志对怀旧品牌偏好中所起的中介效应。具体而言，我们发现，末端时间标志组的被试更容易认为他们的剩余时间是有限的，并且增强的主观时间感知会提高被试对怀旧音乐会的偏好。

此外，与研究1不同，研究2采用了另外一个时间段（月）并且通过月底来操控末端时间标志。这一不同的末端时间标志操控方式提高了研究的外部效度，并且对管理者更有意义。企业管理者可以通过加强消费者对末端时间点的感知（例如，提示消费者月末这一时间点）来增强消费者对怀旧品牌的偏好。在接下来的实验中，我们将探索什么因素可以调节末端时间标志对消费者怀旧品牌偏好的影响。

研究 3　时空指向对末端时间标志效应的影响

研究1与研究2采用不同的末端时间标志操控、怀旧品牌测量验证了末端时间标志可以提高消费者对怀旧品牌的偏好。同时，我们认为启动末端时间标志之所以会提高消费者对怀旧品牌的偏好是因为末端时间标志会提高他们的主观时间感知。在研究3中，我们采用不同的实验刺激物再次验证末端时间标志对怀旧品牌的影响。更重要的是，我们在研究3中探索了时空指向（回想过去vs.展望未来）对提出的末端时间标志效应的影响。我们期望当消费者回想过去的时候，末端时间标志对怀旧品牌偏好的影响依旧存在。但是，当消费者展望未来的时候，末端时间标志对怀旧品牌的影响将不会减弱或者消失。

北京的一所重点大学的83名学生参加了该研究。研究3是2（时空指向：回想过去vs.展望未来）×2（广告诉求：怀旧诉求vs.非怀旧诉求）组间设计。

被试被随机分配到四组中的任意一组。

我们在一所大学的学期末展开实验。学生参加该实验可以获得25元的报酬。在来到实验室后,我们告诉被试由于这次实验在一个学期内的不同时间点进行,因此需要记录下被试参加这次实验的时间。我们给被试三个选择:学期初,学期中,学期末。正确的答案是学期末。我们通过这一实验任务来操控末端时间标志。

我们通过一个实验任务来操控被试的时空指向。在该实验任务中,被试需要进行一次时间旅行。在回忆过去组,我们让被试去回忆一下五年前的普通一天。被试需要写下在这普通的一天中,他们做了些什么,他们有什么样的想法,有什么样的感受。相对应的是,在展望未来组,我们让被试去想象一下五年后的一天。被试需要写下在五年后的这一天中,他们将会做些什么,他们将会有什么样的想法,有什么样的感受。在被试写下他们的行为与感受之后,我们通过一个测项来测量被试当时的总体情绪状态(1=非常糟糕,7=非常快乐)。

之后,被试需要完成一个品牌态度测试。我们设计了一个虚构的龙须面品牌"麦和",并且展现给被试一幅广告。在怀旧广告诉求组与非怀旧广告诉求组,广告的设计都是相似的,都包含了一个品牌商标"麦和",广告的主体都是一碗龙须面及一个人的剪影在吃龙须面,以及一段对该龙须面的简单介绍"优质小麦加鸡蛋配合精湛工艺产出的面条,营养爽滑,根根美味"。不同的是,在怀旧广告中,广告标语是"麦和,依旧是熟悉的味道"。同时我们在广告中展现给被试一个可爱的小朋友在吃龙须面。在非怀旧广告中,广告标语是"麦和,营养、健康、好味道",同时,我们在广告中使用了一幅年轻人吃龙须面的图片。在看完广告之后,我们通过两个测项测量了被试的品牌态度(1=非常不喜欢/完全不想购买,7=非常喜欢/非常想买,$r=0.80$,$p<0.001$)。在此之后,我们又通过两个七分测项测量了我们对怀旧广告的操控是否成功("在看完这则广告之后,你在多大程度上回忆起了你的过去","在看完这则广告之后,你在多大程度上产生了怀旧的情感",1=完全没有,7=非常;$r=0.85$,$p<0.001$)。最后,被试回答了一系列有关人口统计信息的问题之后结束了本次实验。

首先,针对被试在完成第一个时间旅行实验任务后的情绪状态的独立样本t检验的结果显示,时空指向对情绪状态的影响是不显著的($t(81)=-0.11$,$p=0.91$)。也就是说,当被试回想五年前的普通一天或者想象五年后的一天的时候,他们的情绪状态是没有区别的($M_{回忆过去}=5.17$,$SD_{回忆过去}=1.12$;$M_{展望未来}=$

5.20，SD展望未来=1.23）。

其次，我们检测了我们对广告诉求的操控是否成功。2（时空指向：回忆过去vs.展望未来）×2（广告诉求：怀旧诉求vs.非怀旧诉求）卡方检验的结果显示，广告诉求对怀旧情绪的影响是显著的（$F(1, 79)=4.32$，$p=0.04$）。也就是说，相比较非怀旧广告（$M=3.57$，SD=1.39），在看完怀旧广告之后，被试产生了更多的怀旧情绪（$M=4.29$，SD=1.62）。此外，时空指向的主效应及时空指向与广告诉求之间的交互效应都不是显著的（ps>0.10）。因此，以上结果证实了我们对广告诉求的操控是成功的。

最后，我们进行了假设检验。以龙须面品牌态度为因变量的方差分析的结果显示，时空指向与广告诉求之间的交互效应是显著的（$F(1, 79)=5.21$，$p=0.025$）（图6-6）。更重要的是，当被试回忆过去的时候，末端时间标志对怀旧品牌的偏好依旧存在。相比较非怀旧广告（$M=4.06$，SD=0.91），被试更加偏好怀旧广告（$M=4.76$，SD=1.20；$F(79)=3.82$，$p=0.05$）。不同的是，当被试展望未来的时候，末端时间标志对怀旧品牌的偏好消失了。被试对怀旧品牌的态度与非怀旧品牌的态度之间没有显著差异。甚至，被试会更加偏好非怀旧广告诉求的龙须面品牌（$M_{非怀旧品牌}=4.61$，$SD_{非怀旧品牌}=1.44$；$M_{怀旧品牌}=4.16$，$SD_{怀旧品牌}=0.98$；$F(1, 79)=1.61$，$p>0.1$）。

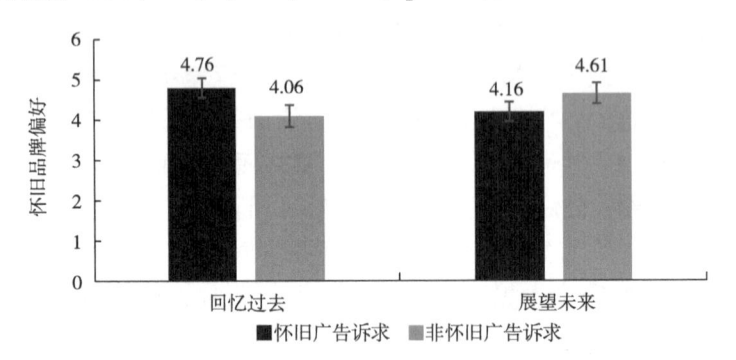

图 6-6　研究 3 结果

研究3的结果显示，时空指向（回忆过去vs.展望未来）调节了末端时间标志对怀旧品牌的偏好。具体而言，当被试回忆过去的时候，末端时间标志对怀旧品牌的偏好依旧显著。但是，当被试展望未来的时候，末端时间标志对怀旧品牌的偏好就消失了。

与研究1、研究2不同的是，在研究3中，我们采用了不同的方法来操控末端时间标志，即学期末。因此，通过不同的时间段，即天（研究1），月（研究2),以及学期(研究3),我们的实验结果为末端时间标志对怀旧品牌的影响提供了有力的实证支持。同时,与前两个实验不同,在研究3中,我们测量了被试的品牌态度。这与产品选择及产品相对偏好不同,但是都为我们的实验结果提供了支持。

此外,研究3也存在一定的局限性。在研究3中,我们只操控了末端时间标志,而并没有控制组。这是由于时间、资金的限制。同时,如果增加一个控制组(如学期中),那么搜集数据的时间差距过大(学期中vs.学期末),别的影响因素可能会对实验结果产生影响。因此,在研究3中,我们仅仅操控了末端时间标志。我们承认,一个完整的实验设计应该是一个2(时间标志:末端时间标志vs.控制组)×2(时空指向:回想过去vs.展望未来)×2(广告诉求:怀旧诉求vs.非怀旧诉求)组间设计。这一问题我们留待之后的实验中去解决。

研究4 结束看法的调节作用

研究4的目的在于探究对于结束看法的调节作用。我们认为,当消费者对结束有不同理解的时候,如当他们认为一个结束也是一个开始的时候,我们提出的末端时间标志对怀旧偏好的影响也会消失。

我们通过Mturk以在线实验的方式共搜集了136名被试(其中76名女性,平均年龄42.72岁)。研究4是一个2(时间标志:末端时间标志vs.控制组)×2(对结束的看法:结束也是一个新的开始vs.控制组)单因素组间实验。被试被随机分配到以上四组中的一组。

研究4由三个看似毫不相关的实验任务组成。在第一个实验任务中,我们操控了被试对结束的看法。所有的被试被随机分配到"结束也是新的开始"组或者控制组。在控制组,被试不接受任何实验任务。在"结束也是新的开始"这一组,被试需要阅读以下文章:

> 生活中的一切都会在某个时间点结束,终点、关门、翻页,继续前进。无论你怎么样理解它,这些结束都并不是一个真正的终点,你的生活会以新的方式重新开始。在你的故事中,一章的结束就意味着下一章的开始。正如利巴·布雷(Libba Bray)所说的:"每个故事都有一个结局,但生活的故事则不同,每个结局都是一个新的开始。"

当"结束也是新的开始"这一组的被试阅读完以上一段文章之后，他们需要列举出三个例子来支持"结束也是新的开始"这一看法。

在完成这一实验任务之后，与本章研究1a相同，我们给被试提供了三张街景图片。与研究1a不同的是，无论是末端时间标志组还是控制组，我们都提供了同样的街景图片。在末端时间标志组中，我们告知被试这三张图片拍摄于晚上10点，我们让被试先浏览这三张图片，然后想象一下如果现在是晚上10点钟，他们处于图中的街道上，他们会去做些什么，以及会有怎样的想法与感受。在控制组中，我们没有告知被试这三张图片拍摄于晚上10点，我们仅仅让被试想象一下如果他们处于图中的街道上，他们会去做些什么，他们有怎样的想法与感受。在被试写下他们的想法与感受之后，他们需要回答"在多大程度上他们感觉到了结束"作为操控检验；同时，我们测量了被试在写下想法与感受之后的总体情绪状态作为协变量。

在第三个实验任务中，与研究2相似，我们设计了一个音乐会门票兑换任务来测量消费者的怀旧品牌偏好。具体而言，我们告诉被试他们有一张音乐会门票兑换券。并且有两场音乐会还有空余票可供被试进行挑选。其中一场音乐会的主题是"记忆中的歌声"。在这场演唱会中，乐队会演奏"经典的老歌与记忆中的旋律"。另外一场音乐会的主题是"今天的歌声"。在这场演唱会中，乐队主要演奏"当下流行的歌曲与美丽的旋律"。在被试阅读了两场音乐会的介绍之后，他们需要判断这两场音乐会的相对偏好（1=更偏好演唱会A（非怀旧演唱会），11=更偏好演唱会B（怀旧演唱会））。在完成这些实验任务之后，被试回答了一些有关人口统计的问题，然后结束本次调查。

首先，我们对末端时间标志的操控进行了操控检验。一个2（时间标志：末端时间标志vs.控制组）×2（对结束的看法：结束也是一个新的开始vs.控制组）的方差分析结果显示，时间标志对结束感知（feeling of ending）的影响是显著的（$F(1, 132)=5.99$, $p=0.016$）。具体而言，相比较控制组，当一个末端时间标志被启动的时候，被试更强烈地感知到了结束的感觉（$M_{末端时间标志}$=3.51，$M_{控制组}$=2.78）。

接下来，我们进行假设检验。一个以音乐会偏好为因变量的2（时间标志：末端时间标志vs.控制组）×2（对结束的看法：结束也是一个新的开始vs.控制组）的方差分析结果显示，时间标志与对结束的看法之间的交互效应是显著的（$F(1, 132)=4.144$, $p=0.044$）。更重要的是，当被试没有阅读任何有关结束的看法时，末端时间标志对怀旧品牌的偏好依旧显著。相比较控制组的被试，处于末端时间标志组的被试更加偏好怀旧音乐会（$M_{末端时间标志}$= 4.74，

$M_{控制组}$=3.68，F（1，132）=3.24，p=0.074）。但是，当被试被启动了"结束也是一个新的开始"的看法之后，末端时间标志对怀旧品牌的偏好就消失了（$M_{末端时间标志}$=3.53，$M_{控制组}$=4.18，F（1，132）=1.18，p>0.1）。此外，我们还发现，当末端时间标志被启动的时候，如果被试认为一个结束也是另一个开始的时候，他们的怀旧品牌的偏好也会减弱（$M_{结束也是一个新的开始}$=4.74，$M_{控制组}$=3.52，F（1，132）=4.193，p=0.043）。

研究4验证了对结束的不同看法对末端时间标志对怀旧品牌偏好影响的调节作用。研究4的结果证明，当被试认为结束并不是一个结束而是一个新的开始的时候，末端时间标志对怀旧品牌偏好的影响也就不存在了。

第四节 寻找怀旧营销的最佳时机

通过一个预实验与六个主实验研究，我们验证了末端时间标志效应，即当一个末端时间标志被启动的时候，消费者会对怀旧品牌产生更加积极的态度。在预实验中，我们通过在不同时间搜集数据（年底vs.年初）发现，消费者在年底的时候更加偏好怀旧品牌。但是预实验也存在一定的弊端，如我们是在年底与年初搜集的数据，而不是年底一个相对普通的时间点。研究1由三个子实验构成。在研究1a中，我们通过两个看起来相互没有联系的实验操控末端时间标志及测量被试的怀旧品牌偏好。与研究1a不同，在研究1b中，我们在同一个实验任务中同时操控末端时间标志及测量被试的怀旧偏好。我们发现，当一个末端时间标志被启动的时候，被试更加偏好怀旧海报。在研究1c中，我们采用一个更加微妙的操控方式。我们通过给被试不同的感谢卡来操控末端时间标志。在末端时间标志组，感谢卡上写的是"感谢您在一天的最后参加我们的实验"，而在控制组中则没有这句话。我们发现当一个末端时间标志被启动的时候，被试更加偏好怀旧海报。通过一个预实验与研究1中的三个子实验，我们验证了末端时间标志对怀旧品牌影响的主效应。在研究2中，我们验证了消费者主观时间感知的中介作用。我们发现，当一个末端时间标志被启动的时候，被试会更加强烈地感受到他们的剩余时间是有限的。因此他们会更加偏好怀旧品牌。在研究3中，我们验证了时空指向的调节作用。我们发现，当被试回忆过去的时候，末端时间标志对消费者怀旧偏好的影响依旧存在。但是，当被试展望未来的时候，末端时间标志对消费者怀旧偏好的影响就消失了。在研究4中，我们验证了对结束看法的不同起到的调节作用。当被试认为结束并不是一个结束而是一个新的开始的时候，末端时间标志对怀旧品牌偏好的影响也就不存在了。

总结来说，通过一个预实验与六个正式实验，我们发现了末端时间标志对怀旧品牌偏好的积极影响，并且消费者主观时间感知在这一影响中起到中介作用。通过不同的时间标志操控（年：预实验；天：研究1a，1b，1c；月：研究2；学期：研究3），以及不同的怀旧品牌偏好测量（真实品牌选择：预实验，研究1c；虚拟品牌选择：研究1a，1b，研究2；以及虚拟品牌态度测量：研究3），我们提出的末端时间标志效应都得以验证。

通过对怀旧及怀旧消费的文献综述，我们发现了现有的怀旧消费定义的不足。前人对怀旧的定义主要集中于心理学领域。在营销学中，对怀旧的定义为"对个体小的时候（常常指个体年轻时、儿童时或者出生前）更加常见（广泛流行）的物品（可以是产品、人及地方）的一种偏好，具体表现为产生积极的态度，主观上的喜欢及产生积极的情绪"（Loveland et al.，2010）。与前人对怀旧的定义不同，我们认为在产品广告、产品包装等营销策略中使用怀旧元素也可以让消费者产生怀旧情绪。因此，我们将怀旧品牌/怀旧产品定义为具有怀旧诉求的品牌或者产品。这种怀旧诉求可能来源于品牌或者产品自身的怀旧特质（如在消费者年轻时较为普遍和流行的产品），也可能来自企业采用的怀旧营销策略（如在广告中加入怀旧元素，但是在目标消费者年轻时并不一定使用过该产品或消费过该品牌）。

前人的研究发现，当消费者经历一些消极的事情时，他们会增加对怀旧产品的偏好。例如，毕圣等（2016）发现，消费者的社会压力与怀旧偏好存在着正向的相关关系，一个消费者所具有的社会压力越大，其对怀旧品牌的偏好也就越强。Loveland等（2010）发现，当消费者被别人排斥的时候，他们会增加对怀旧品牌的偏好。Zhou等（2013）的研究发现，消费者的不安全感会正向影响他们对怀旧品牌的偏好。当消费者越感觉到不安全的时候，他们越偏好怀旧品牌。与前人的研究不同，本章验证了一个全新的因素：时间标志，对怀旧品牌偏好的影响。

最后，我们的研究提出了一个全新的怀旧消费的功能。前人研究主要提出了五种怀旧消费的功能，即产生积极的情绪（Hepper et al.，2012）；启动社会关联感知以对抗孤独（Zhou et al.，2008）；产生自我联结（Sedikides et al.，2008）；增强对生命意义的感知（Routledge et al.，2011）；以及提升自尊及自我评价（Cheung et al.，2013）。前人的研究主要集中于启动社会关联感知、增强对生命意义感知及提高自尊这三个方面。对于怀旧能产生正面积极情绪及怀旧可以增强自我联结的研究相对较少。与前人的研究不同，我们的研究认为，怀旧消费可以为消费者提供一种重要的资源——时间资源。通过怀旧消费，消费者会产生怀旧情绪，怀旧可以带给消费者一种可以回到过去的感觉。当消费者回到过去重新经历了他们之前所经历过的事件时，他们就感觉他们并不处于末端时间标志这一时间点，就好像是他们获得了更多的时间资源。因此，我们的研究跳出了前人提出的五种怀旧消费的功能，为怀旧消费的研究提供了一个全新的思路。

现在，怀旧营销是一种非常流行的营销策略。例如，健力宝设计了一条《寻找"80后"回忆的纪念馆》的广告，让健力宝再次进入大众的视野。那么如何正确地使用怀旧营销？怀旧营销在什么时候能够取得更好的效果呢？我们的研究为这些问题提供了有意义的解决方案。研究发现，对于具有怀旧元素的营销策略（如在广告中加入怀旧图片、怀旧装饰及怀旧标语等），如果企业管理者在一年、一个月、一天或者任意的一个时间段的结束时使用，有可能会收到更大的收益。这一研究发现为采用合适的时间点来使用怀旧策略提供了指导意义。

从另一个角度来看，研究发现也可以帮助营销人员在常规的促销时间中获得更大的收益。对营销人员来说，月末促销、季末促销、年末促销是每个月、每个季度甚至每年都需要进行的常规操作。如何在竞争激烈的促销大战中脱颖而出？我们的研究提出，如果营销人员需要在一个末端时间标志被启动时来促销他们的产品，可以在他们的产品、广告中加入一定的怀旧元素，这样可以帮助他们获得较大的企业利润。我们的研究发现，怀旧营销可以采用两种形式。第一，怀旧营销可以直接使用怀旧产品与怀旧品牌。这些品牌或产品是个体小的时候（常常指个体年轻时、儿童时或者出生前）更加常见（广泛流行或者更加时尚）的产品或者品牌。第二，怀旧营销可以在普通品牌或者产品的广告、包装中加入一定的怀旧元素，如在广告中采用能够让消费者产生怀旧情感的广告标语、能够让消费者回忆起过去的怀旧图片等。

参 考 文 献

毕圣，庞隽，吕一林. 2016. 压力对怀旧偏好的影响机制[J]. 营销科学学报，12(1): 38-50.
Chae B, Hoegg J. 2013. The future looks "right": effects of the horizontal location of

advertising images on product attitude[J]. Journal of Consumer Research, 40（2）: 223-238.

Charles S, Carstensen L L. 2010. Social and emotional aging[J]. Annual Review of Psychology, 61: 383-409.

Cheung W-Y, Wildschut T, Sedikides C, et al. 2013. Back to the future: nostalgia increases optimism[J]. Personality and Social Psychology Bulletin, 39（11）: 1484-1496.

Dai H, Milkman K L, Riis J. 2014. The fresh start effect: temporal landmarks motivate aspirational behavior[J]. Management Science, 60（10）: 2563-2582.

Dai H, Milkman K L, Riis J. 2015. Put your imperfections behind you: temporal landmarks spur goal initiation when they signal new beginnings[J]. Psychological Science, 26(12): 1927-1936.

Festjens A, Janiszewski C. 2015. The value of time[J]. Journal of Consumer Research, 42（2）: 178-195.

Grant S J, Tybout A M. 2008. The effect of temporal frame on information considered in new product evaluation: the role of uncertainty[J]. Journal of Consumer Research, 34（6）: 897-913.

Hayes A F. 2013. Introduction to Mediation, Moderation, and Conditional Process Analysis: a Regression-based Approach[M]. New York: Guilford Publications.

Hennecke M, Converse B A. 2017. Next week, next month, next year: how perceived temporal boundaries affect initiation expectations[J]. Social Psychological and Personality Science, 8（8）: 918-926.

Hepper E G, Ritchie T D, Sedikides C, et al. 2012. Odyssey's end: lay conceptions of nostalgia reflect its original homeric meaning[J]. Emotion, 12（1）: 102-119.

Holak S L, Havlena W J. 1998. Feelings, fantasies, and memories: an examination of the emotional components of nostalgia[J]. Journal of Business Research, 42（3）: 217-226.

Hull C L. 1932. The goal-gradient hypothesis and maze learning [J]. Psychological Review, 39（1）: 25-43.

Kivetz R, Urminsky O, Zheng Y. 2006. The goal-gradient hypothesis resurrected: purchase acceleration, illusionary goal progress, and customer retention[J]. Journal of Marketing Research, 43（1）: 39-58.

Koriat A, Fischhoff B. 1974. What day is today? An inquiry into the process of time orientation[J]. Memory and Cognition, 2（2）: 201-205.

Kouchaki M, Smith I H. 2014. The morning morality effect: the influence of time of day on unethical behavior[J]. Psychological Science, 25（1）: 95-102.

Kurbat M A, Shevell S K, Rips L J. 1998. A year's memories: the calendar effect in autobiographical recall[J]. Memory & Cognition, 26（3）: 532-552.

Lang F R, Carstensen L L. 2002. Time counts: future time perspective, goals, and social relationships[J]. Psychology and Aging, 17（1）: 125-139.

Loveland K E, Smeesters D, Mandel N. 2010. Still preoccupied with 1995: the need to belong and preference for nostalgic products[J]. Journal of Consumer Research, 37（3）: 393-408.

Muehling D D, Sprott D E. 2004. The power of reflection: an empirical examination of nostalgia advertising effects[J]. Journal of Advertising, 33（3）: 25-35.

Peetz J, Epstude K. 2016. Calendars matter: temporal categories affect cognition about future time periods[J]. Social Cognition, 34（4）: 1-17.

Peetz J, Wilson A E. 2013. The post-birthday world: consequences of temporal landmarks for temporal self-appraisal and motivation[J]. Journal of Personality and Social Psychology, 104（2）: 249-266.

Peetz J, Wilson A E. 2014. Marking time: selective use of temporal landmarks as barriers between current and future selves[J]. Personality and Social Psychology Bulletin, 40（1）: 44-56.

Routledge C, Arndt J, Wildschut T, et al. 2011. The past makes the present meaningful: nostalgia as an existential resource[J]. Journal of Personality and Social Psycholgy, 101（3）: 638-652.

Sedikides C, Wildschut T, Gaertner L, et al. 2008. Nostalgia as enabler of self-continuity[C]//Sani F. Self-continuity: Individual and Collective Perspectives. London: Psychology Press: 227-239.

Shum M S. 1998. The role of temporal landmarks in autobiographical memory processes[J]. Psychological Bulletin, 124（3）: 423-442.

Skowronski J J, Ritchie T D, Walker W R, et al. 2007. Ordering our world: the quest for traces of temporal organization in autobiographical memory[J]. Journal of Experimental Social Psychology, 43（5）: 850-856.

Thomsen D K. 2015. Autobiographical periods: a review and central components of a theory[J]. Review of General Psychology, 19（3）: 294-310.

Touré-Tillery M, Fishbach A. 2015. It was(n't) me: exercising restraint when choices appear self-diagnostic[J]. Journal of Personality and Social Psychology, 109（6）: 1117-1131.

Tu Y, Soman D. 2014. The categorization of time and its impact on task initiation[J]. Journal of Consumer Research, 41（3）: 810-822.

van Boven L, Kane J, McGraw A P. 2009. Temporally asymmetric constraints on mental simulation: retrospection is more constrained than prospection[C]//Markman K D, Klein W M P, Suhr J A. The Handbook of Imagination and Mental Simulation. London: Psychology Press: 131-149.

Wildschut T, Sedikides C, Arndt J, et al. 2006. Nostalgia: content, triggers, functions[J]. Journal of Personality and Social Psychology, 91（5）: 975-993.

Zauberman G, Levav J, Diehl K, et al. 2010. 1995 feels so close yet so far: the effect of event markers on subjective feelings of elapsed time[J]. Psychological Science, 21（1）: 133-139.

Zhou L, Wang T, Zhang Q, et al. 2013. Consumer insecurity and preference for nostalgic products: evidence from China[J]. Journal of Business Research, 66（12）: 2406-2411.

Zhou X, Sedikides C, Wildschut T, et al. 2008. Counteracting loneliness on the restorative function of nostalgia[J]. Psychological Science, 19（10）: 1023-1029.

Zhu M, Bagchi R, Hock S J. 2019. The mere deadline effect: why more time might sabotage goal pursuit[J]. Journal of Consumer Research, 45（5）: 1068-1084.

第七章　怀旧营销成败的影响因素
——身份冲突感

2019年春节来临之际，支付宝特邀许鞍华执导，金士杰、春夏主演的首部五福微电影《七里地》正式上映，这部电影讲述了三代人关于"福"与"家"的传承和执念，把海内外华人的浓烈的乡愁完美地表达了出来。

一位年迈的老人，翻开记忆中的相册，又逢春节，远在海外的他，又打开了尘封多年的记忆，故事就这样开始了……

随着老爷爷的回忆，时光穿越到1947年的春节前夕。曹瑞昌（老爷爷小时候）的母亲带着他和妹妹，在雪地中长途跋涉几日几夜，终于回到了家中。费尽千辛万苦，只为了回到新家，开心地过一个春节。好不容易回到家中，曹瑞昌将精心收藏的福字从衣服包里拿了出来，并小心翼翼地贴在门上。母亲欣慰地笑了，因为过年了，他们终于有新家了！

时光又继续穿越到1983年的春节前。曹瑞昌驾着驴车，护送即将去国外留学的儿子曹东升。曹瑞昌对儿子能去国外留学的事情感到非常骄傲，虽然嘴巴上说希望儿子别想家，但还是将一幅福字送给了儿子。

到了如今，2019年的春节前，曹瑞昌的孙女代表爷爷回到老家探访。孙女还带回来外国男朋友来帮助他们拍摄这一次跨越70年的旅程。由于雪大，他们的车坏了，只能徒步走回村庄。他们却把爷爷亲手写的福字，落在了车里。到了老家里，孩子们给拿来红纸和笔墨，尽管孙女弯弯曲曲的字比不上爷爷的，但福字对于一个家的意义却不可或缺。她还是非常认真地写下了这个福字，因为这个福字代表着"家"，有"福"的地方就有家。

孙女把福字贴到了窗户上，一群孩子拿着手机围在她身边"扫福"收集福卡。这不正是支付宝的新年集福活动吗？于是，孙女和外国男友非常开心地玩在了一起。孙女把拍摄下来的所见所闻一一播放给爷爷看，坐在轮椅上的爷爷,看到镜头前的一幕幕,眼中泛着泪花。他面带微笑,轻轻说道:"福到了,家就到了……"

值得一提的是,在这支营销广告中,导演许鞍华在选角上极具巧心。饰演爷爷曹瑞昌的演员金士杰是中国台湾同胞,饰演孙女的春夏是中国大陆人,饰演孙女男友的左右是美国人,再加上许鞍华是中国香港人,这支微电影广告将五湖四海不同地区的人集合在了一起。特别是金士杰所扮演的爷爷,是一个远在海外,由于双腿残疾难以归国的老人,可是他却对故乡充满了无限思念,最终只能通过孙女与她的美籍朋友完成了自己"回家"的梦想。

"小时候,乡愁是一枚小小的邮票,我在这头,母亲在那头"。远在异乡的游子,每每读到《乡愁》,思乡的心弦都会被再次拨动。支付宝在这个案例中的怀旧营销,就是把"五福"上升到情感的层面,除了对小家的依恋之外,还有海外游子对祖国的思念,彰显了品牌的温度和文化的厚度[①]。

第一节 社会身份与消费行为

社会身份是一个人所从属的特定社会群体(Tajfel,1978)。研究发现,处于社会生活中的个体一般会同时拥有四到七种不同的社会身份(Roccas and Brewer,2002)。多重身份研究的发展在一定程度上源于自我复杂性(self-complexity)理论的提出(Ziller et al.,1977)。自我复杂性是个体对自我特质的认知和判断,指的是个体主观感知到的多个自我概念的差异程度。例如,一个人可以认为自己真诚、强壮、富有激情。相比于自我复杂性聚焦于个体的自身属性,社会身份复杂性则更加强调个体的社会联结。社会身份复杂性(social identity complexity)是在自我复杂性研究的基础上提出的,指的是个体对于多重内群体身份的主观表征,描述了多种内群体身份之间的重叠程度和关联程度(Roccas and Brewer,2002)。例如,火锅爱好者与川渝居民的群体重合度较高,与江浙居民的群体重合度较低,因此一个兼具火锅爱好者与江浙居民身份的个体相比于兼具火锅爱好者与川渝居民身份的个体有更高的社会身份复杂度。

---

① 泪目!支付宝五福微电影《七里地》,感动亿万华人[EB/OL]. https://www.sohu.com/a/292289281_642306,2019-01-29.

我们在文献回顾和比较的基础上，对多重身份相关概念进行了整合与提炼。以多群体成员的概念为基础，从身份数量特征的视角出发，我们提出了所关注的多重社会身份的概念，即个体所拥有的身份数量的多少，而多重身份认知则是指个体对自己所拥有社会身份多少的主观认知，并且这一认知不受具体社会身份类型与性质的制约。

个体的客观经历对多重身份认知的形成至关重要。经历越丰富、兼具的社会身份越多，越容易让人们意识到自己具有多重身份（Roccas and Brewer, 2002）。同时，个体的闭合需求、不确定倾向、价值观等个人特质也是影响多重身份认知的重要因素。闭合需求是指个体希望获得确定答案的程度（Burke et al., 2017），对于闭合需求较高、不确定倾向较低的个体来说，其多重身份认知往往较低。最后，个体的多重身份认知也会受到情境因素的影响。例如，遭受社会拒绝会促使人们主观上扩大自己所属的社会群体数量（Knowles and Gardner, 2008）。对于注重社会关系的依赖型群体而言，当一种社会身份受到威胁时，会防御性地激发更多的社会身份，以弥补缺失的归属感和社会支持感（White et al., 2012）。

同时，多重社会身份也会影响个体的心理认知及消费行为。多重社会身份对消费行为的影响具体表现为一致性行为与补偿性行为两种。一致性行为是消费者表现出与自身信念、想法、价值观相一致的行为。有研究指出，社会身份复杂性（即朋友与品牌使用者群体之间的重合度低）会降低消费者对于特定品牌的忠诚度（Wu and Lin, 2016）。在社会身份复杂性的基础上，学者进一步提出了消费者品牌身份复杂性（brand identity complexity, BIC）概念，即消费者对于多个品牌的心理归属状态，高BIC意味着消费者拥有更多的品牌忠诚身份。他们的研究发现，高BIC的消费者更倾向于采用具有独特个性特征的新品牌、对低品牌延伸有更高的接受度（Orth and Rose, 2017）。此外，拥有更多社会身份的被试会更愿意接受疾病筛查（Touré-Tillery et al., 2019）。补偿性行为是消费者为了弥补自身感受到的威胁而努力在其他领域获得成功的行为。多重社会身份认知通常作为一种面对某种身份威胁的应对方式。例如，当被试的学生身份受到挑战和威胁时，会主动联想更多的身份来弥补其归属需求，从而提升了对其他身份（如性别身份）相关产品的购买意愿（White et al., 2012）。

值得注意的是，当前大部分关于多重社会身份的研究集中于心理学与社会学领域，关于拥有多重社会身份如何影响消费者的心理与行为的研究较为匮乏。从严格意义上讲，目前仅有研究关注了社会身份的数量特征对健康依从行为的促进作用，缺乏对其他消费行为的探讨，同时目前仅有学者从自我认知的角度提出拥有多重社会身份会提升消费者的自我价值感，而缺乏对其他可能由多重社会身份所引发的心理机制的讨论。随着社会的发展，人们也面临着新的威胁与挑战，人们是否可以进一步通过消费行为来有效应对社会身份冲突带来的挑战？而怀旧在新环境下又存在着什么样的补偿作用？对于企业而言，又该如何通过营销活动来帮助消费者应对时有发生的社会身份冲突？

第二节　身份冲突激发怀旧消费的心理机制

一、社会身份冲突对怀旧偏好的影响

我们认为，社会身份冲突会提高消费者对怀旧产品的偏好，自我真实性威胁在其中起中介作用。自我真实性是人们感受到可以按照自己的真实意愿行事的程度（Baldwin et al., 2015）。根据Wood等（2008）构建的"以个人为中心"的自我真实性模型（the person-centered model of authenticity），较高的自我真实性通常包含三个方面的特征：①拥有准确而清晰的自我认知；②较少受到外部的影响；③自我意识与外在行为的一致性。自我真实性是个体心理健康的重要影响因素。自我真实性高的人往往拥有更高的自尊水平和积极情感，具有更高的幸福感和生活满意度。因此，维持个体的自我真实性对个人发展与幸福具有重要的意义。

社会身份冲突可能对自我真实性的以上三个特征构成威胁。首先，社会身份冲突会降低自我概念清晰度（Yu and Zhang, 2020）。自我概念清晰度是个体对于自我概念的清晰性、内部一致性及稳定性的认知（Campbell et al., 1996）。当消费者感到社会身份冲突时，他们必须在多种相互矛盾的身份之间进行权衡，无法将自我划归为一个清晰的身份类别。这就导致消费者的内部自我概念无法统一，从而降低了他们对真实自我的认知清晰度与确定感。其次，以往研究表明外界的束缚和压力是威胁个体真实自我的重要原因（Moulard et al., 2021）。感受到外部压力和约束的个体往往受到外部影响无法按照自己的真实想法行动，损害真实自我。根据社会身份冲突的定义，不同社会身份所要求的行为规范和价值观之间的不一致是身份冲突感产生的根

源。当消费者同时受到两种甚至多种行为规范的约束而产生冲突感时，他们会强烈地感受到外界社会规范对自身行为的限制，进而导致真实自我受到威胁。最后，社会身份冲突会使消费者感到预期行为与真实自我的偏离。当消费者面临社会身份冲突时，他们处于一种不平衡、矛盾的心理状态，亟须采取一定的措施缓解冲突。为此，消费者不得不在两种身份之间做出取舍，选择一方意味着违背另一方。消费者的自我概念是一个完整的统一体，对于一种身份的违背会损害这一部分的真实自我。

追求真实自我是人类的基本需求之一（Goor et al., 2020）。当真实自我无法满足时，人们往往会采取相应的行动对内在自我进行补偿。因此，当社会身份冲突导致消费者的真实自我受到威胁时，他们会产生强烈的自我真实性寻求动机。根据补偿消费理论，消费者可以通过一定的消费行为来补偿自我概念的缺失，缓解消极感受（Mandel et al., 2017）。我们认为，怀旧产品可以帮助消费者满足自我真实性需求（Baldwin et al., 2015；Lasaleta and Loveland, 2019）。这是因为怀旧产品激发消费者对自己过去经历的回忆与追溯，为消费者提供了一个联结过去自我和现在自我的桥梁，提升了消费者的自我连续性感知（Sedikides et al., 2016）。当自我连续感知增强时，消费者会更加清晰地认识到自己如何从"过去的我"变成"现在的我"，以及两者之间的相似性，自我概念的一致性因此得到强化。由于自我概念的一致性是自我真实性的重要组成部分（Hong et al., 2021），因此我们认为怀旧产品可以通过提升消费者自我概念的一致性来补偿社会身份冲突对自我真实性的威胁。基于上述讨论，我们提出以下假设。

H7-1：社会身份冲突会提升消费者对怀旧产品的偏好。

H7-2：自我真实性威胁在社会身份冲突与怀旧偏好之间起到中介作用。

二、个体怀旧倾向性的调节作用

个体的怀旧情绪可以由外界刺激等情境因素触发，另外它也具有个体差异性，是一种稳定的个人特质（Seehusen et al., 2013）。怀旧倾向性是个体对于怀旧的长期行为倾向。相比于怀旧倾向较低的个体，怀旧倾向高的个体对过去时光有更深的眷恋，更容易回忆过去、感受到怀旧情绪（Merchant and Rose, 2013）。

具有高怀旧倾向性的个体往往能够从怀旧中获取更多的精神慰藉（Cheung et al., 2017）。例如，相比于怀旧倾向性低的个体，怀旧倾向性高的个体更容易在怀旧情绪中提升乐观态度（Cheung et al., 2017）；怀旧倾向性高的个体更加擅长用怀旧来满足自己的归属需求（Chark, 2021）。因此，我们预测，当面对社会身份冲突这一心理威胁时，相比于怀旧倾向性较低的消费者，怀旧倾向性较高的消费者更倾向于通过怀旧消费来应对自我真实性威胁感，因为他们更能够从记忆中汲取力量，找到真实自我。根据上述讨论，提出以下假设。

H7-3：个体怀旧倾向性可以调节社会身份冲突对怀旧偏好的影响。具体而言，随着消费者个体怀旧倾向性的降低，社会身份冲突对怀旧偏好的影响减弱甚至消失。

三、辩证思维方式的调节作用

辩证思维方式是一种适应模糊性、接受或容忍不一致性和矛盾的思维模式（DeMotta et al., 2016），通常包含三个基本要素，即变异论、矛盾论和整合论（Peng and Nisbett, 1999）。其中，变异论关注事物的变化性，认为事物都是灵活的、不断变化的，因此人们对事物的认知也应该是动态变化的。矛盾论关注事物的矛盾性，认为事物并不都是非此即彼、非黑即白的，而是对立统一的综合体。整合论则关注事物之间的关联性，认为任何事物都并非孤立存在而是相互依存，因此如果人们想要全面地了解一件事情，必须了解它的所有关系。辩证思维方式的三个要素相互关联、互为因果，构成了辩证思维的完整内涵（Peng and Nisbett, 1999）。

已有研究表明，辩证思维方式有利于人们理解事物的矛盾性，从而提升对矛盾事物的接受与评价（Spencer-Rodgers et al., 2009）。例如，辩证思维水平较高的消费者对包含矛盾情绪的广告（如幸福与悲伤）有更高的态度和评价（Williams and Aaker, 2002）。面对褒贬不一的产品口碑信息，辩证思维水平更高的消费者更不易产生心理不适感（Pang et al., 2017）。较高的辩证思维水平也有利于提高消费者对于远距离品牌延伸产品（包含更多的矛盾和不一致特征）的偏好和购买意愿（Su et al., 2021）。

在研究中，我们认为社会身份冲突影响怀旧消费的一个重要前提是消费者确实感受到了社会身份之间的矛盾所引发的威胁感，从而产生追求自我真实性的动机。如果消费者的辩证思维水平较高，他们对矛盾的理解力和容忍度更强，因此更容易接受和处理不同社会身份之间的矛盾，从而降低这种矛盾所造成的威胁感。换句话说，较高的辩证思维水平可以帮助消费者化解不同社会身份之间的矛盾性和冲突感，减弱他们通过消费行为补偿自我真实性的动机。根据上述讨论，提出以下假设。

H7-4：辩证思维方式调节社会身份冲突对怀旧偏好的影响。具体而言，随着消费者辩证思维水平的提高，社会身份冲突对怀旧偏好的影响减弱。

研究框架如图7-1所示。

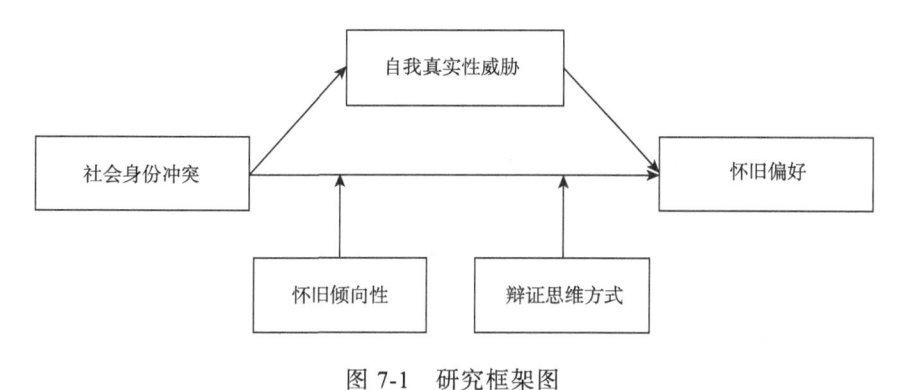

图 7-1 研究框架图

第三节 身份冲突与怀旧消费的关系分析

我们通过五个实验检验了消费者的社会身份冲突对怀旧偏好的积极影响及自我真实性威胁的中介作用，同时检验了个人怀旧倾向性与辩证思维方式的调节作用，研究整体实验设计如表7-1所示。

表 7-1 研究整体实验设计

研究	目的	方法	主要技术手段
实验一	通过操纵消费者的社会身份冲突初步检验身份冲突对怀旧偏好的提升作用	见数在线实验	采用单因素（社会身份冲突：启动 vs.控制）组间实验设计
实验二	变换被试的文化背景及怀旧刺激物再次检验主效应	Mturk 在线实验	采用单因素（社会身份冲突：启动 vs.控制）组间实验设计
实验三	检验自我真实性威胁的中介效应，同时排除情绪的替代解释	见数在线实验	采用单因素（社会身份冲突：启动 vs.控制）组间实验设计
实验四	检验怀旧倾向性的调节作用，即验证对于怀旧倾向性较低的消费者，社会身份冲突对怀旧偏好的影响减弱	线下实验	采用混合实验设计，社会身份冲突（启动 vs.控制）为组间因子，怀旧倾向性为组内因子
实验五	变换身份冲突的操纵方式，再次检验主效应，同时检验辩证思维方式的调节作用，即验证对于辩证思维较高的消费者，社会身份冲突对怀旧偏好的影响减弱	见数在线实验	采用混合实验设计，社会身份冲突（启动 vs.控制）为组间因子，辩证思维方式为组内因子

研究 1 怀旧相机

研究1的目的是通过实验方法初步验证社会身份冲突对消费者怀旧偏好的影响。本实验采用单因素组间实验设计。我们在国内专业数据调研平台（见数）上招募被试191名。其中女性占比61.3%，平均年龄29.51岁。被试被随机分配到社会身份冲突启动组或控制组。

在实验中，被试按要求完成两个不相关的任务。第一个任务是"社会身份调查"，用来操控社会身份冲突（Rabinovich and Morton，2016）。我们首先向被试介绍了社会身份的定义。在社会身份冲突启动组，我们进一步向被试介绍了社会身份冲突的定义，并且向他们展示了两个社会身份冲突的例子以便理解。之后，被试需要思考并详细描述自己曾经经历过的两种社会身份相互冲突的体验。在控制组，我们让被试写下自己同时拥有的两种社会身份。

第二个任务是产品选择。我们要求被试想象自己正打算购买一台数码相机，并向他们展示了两款价格相近的数码相机的广告。他们需要在两款相机中选择一款。其中，怀旧组的广告语是"那是一个特别的童年；那时的我单纯快乐；珍惜点滴过去；美好回忆，我们为你时刻保留"，配以两个小孩手牵手在田野上奔跑的背景画。控制组的广告语是"那将是一次完美的旅程；带上装备，过个美美的假期；看遍山川风景；记录生活，捕捉美好瞬间"，配以山顶俯瞰风景图的背景画。为了避免产品广告的位置效应，我们对广告的呈现进行了位置互换处理。在前测中，我们在同一个平台上招募了60位被试，要求他们先后阅读这两则广告后对广告所激发的怀旧情绪及其他积极情绪进行评价。结果证实，怀旧组的广告相比于控制组的广告更容易激发人们的怀旧情绪（$M_{怀旧广告}=6.10$，$SD_{怀旧广告}=0.98$；$M_{控制广告}=3.48$，$SD_{控制广告}=1.78$；$F(1,59)=100.88$，$p<0.001$），并且两则广告都会激发被试的愉悦情绪，强度上无显著差异（$M_{怀旧广告}=5.53$，$SD_{怀旧广告}=1.32$；$M_{控制广告}=5.29$，$SD_{控制广告}=1.56$；$F(1,59)=1.24$，$p=0.270$）。

接下来，我们对被试的社会身份冲突感知进行了操纵检验。社会身份冲突感知的量表改编自Etkin等（2021）的研究，包括三个测项：①"你觉得这两种社会身份之间有多大冲突？（1=冲突非常小，7=冲突非常大）"，②"你认为履行其中一种社会身份的职责在多大程度上会阻碍你履行另一种身份的职责？（1=完全不会，7=非常强烈）"，③"你认为履行其中一种社会身份的职责在多大程度上会不利于你履行另一种身份的职责？（1=完全不会，7=非常强烈，Cronbach's $\alpha=0.92$）"。最后，被试在回答完人口统计的问题后结束实验。

在结果分析中，我们首先进行社会身份冲突的操纵检验。以社会身份冲突感知为因变量的方差分析结果显示，冲突启动组的被试比控制组的被试感受到更加强烈的身份冲突感（$M_{冲突组}$=4.67，$SD_{冲突组}$=1.35；$M_{控制组}$=2.91，$SD_{控制组}$=1.44；$F(1, 189)$=75.91，$p<0.001$）。接下来，我们验证社会身份冲突对怀旧偏好的主效应。以产品选择为因变量的卡方检验结果显示，启动社会身份冲突提高了被试选择怀旧产品的可能性（$P_{身份冲突组}$=38.9% vs. $P_{控制组}$=22.9%，$\chi^2(1)$=5.75，p=0.017），从而验证了H7-1。

研究1通过操纵个体的社会身份冲突感知的高低程度初步证实了社会身份冲突对怀旧偏好的影响。在下一实验中，我们将在西方文化情境中检验社会身份冲突对怀旧偏好的影响。

研究 2　复古产品

研究2的目的是在美国被试中对主效应进行再次验证，同时变换了怀旧产品刺激物，将因变量的测量由怀旧产品广告变换为复古样式产品以提升实验的外部效度。本实验采用单因素组间实验设计。我们在美国专业数据调研平台Mturk上招募被试201名。其中女性占比52.2%，平均年龄40.29岁。被试被随机分配到社会身份冲突启动组或控制组。

在实验中，被试按要求完成两个不相关的任务。第一个任务是社会身份调查，用来操控社会身份冲突（Rabinovich and Morton, 2016）。对社会身份冲突的操纵与本章研究1相同。之后，被试需要完成第二个产品选择任务。我们向被试依次展示了四组产品（即自行车、电水壶、唱机和面包机，见附录B）。刺激物沿用前人研究，每组产品都同时包含一个复古样式产品和一个现代样式产品，复古样式产品相比于现代样式产品具有更高的怀旧属性（Lasaleta and Loveland, 2019）。被试需要对每组的两个产品进行选择。我们对被试选择复古样式产品的次数进行加总作为因变量的测量（范围为0="完全没有选择复古样式产品"到4="全部选择复古样式产品"）。最后，被试在完成社会身份冲突的操纵检验及人口统计问题后结束实验。

同样，在结果分析中我们首先进行社会身份冲突的操纵检验。以社会身份冲突感知为因变量的方差分析结果显示，冲突启动组的被试比控制组的被试感受到更加强烈的身份冲突感（$M_{冲突组}$=4.94，$SD_{冲突组}$=1.20；$M_{控制组}$=2.63，$SD_{控制组}$=1.85；$F(1, 199)$=101.66，$p<0.001$）。接下来，以复古产品选择次

数为因变量的方差分析结果显示，社会身份冲突提高了被试对复古样式产品的选择（$M_{冲突组}$=1.90，$SD_{冲突组}$=0.85；$M_{控制组}$=1.59，$SD_{控制组}$=0.87；$F(1, 199)$=6.12，p=0.014）。

研究2在美国被试中再次验证了启动社会身份冲突会提升消费者的怀旧偏好。另外与研究1不同，我们将怀旧广告变换为复古样式的产品，同样验证了主效应。对实验情境与刺激物的变换提升了实验结果的稳健性。至此我们通过两个实验证明了社会身份冲突对怀旧消费的提升作用，下一实验将继续探索怀旧消费对社会身份冲突补偿作用的心理过程，以期进一步厘清怀旧消费针对社会身份冲突的独特补偿机制。

研究3 自我真实性威胁的中介作用

研究3的主要目的是验证自我真实性威胁的中介作用。同时，我们试图排除情绪补偿机制的这一竞争解释。怀旧情绪尽管苦乐参半，但是所引发的积极情绪多于消极情绪（Loveland et al., 2010），因此怀旧产品对社会身份冲突的补偿效应很可能源于怀旧促发积极情感这一心理功能。我们对情绪进行测量以排除消极情绪的影响。本实验同样采用单因素组间实验设计。我们在国内专业数据调研平台（见数）上招募被试195名。其中女性占比54.4%，平均年龄28.95岁。被试被随机分配到社会身份冲突启动组或控制组。

研究3的实验流程与研究1相似，但有几处区别。第一，被试在完成身份任务后，需要完成关于自我真实性威胁感的测量。我们同时测量了被试的情绪以进一步排除其替代解释机制。第二，我们对研究1中的数码相机广告进行了一定程度的改良，通过变更广告词削弱广告中的情绪线索，进一步降低积极情绪在其中的作用。前测结果（n=60）表明，怀旧组的广告相比控制组的广告更容易激发人们的怀旧情绪（$M_{怀旧广告}$=5.81，$SD_{怀旧广告}$=1.08；$M_{控制广告}$=4.98，$SD_{控制广告}$=1.43；$F(1, 59)$=28.58，p<0.001）。第三，在测量怀旧偏好时，我们让被试评价他们对两款产品的相对偏好程度（1=肯定更加偏好左边的产品，7=肯定更加偏好右边的产品）而非进行选择。

自我真实性威胁的量表改编自Lasaleta和Loveland（2019）的研究，包括四个测项：①"此时此刻，你在多大程度上可以自由决定自己的生活方式？（反向编码，1=完全不可以，7=完全可以）"，②"此时此刻，你认为在多大程度上能够做真实的自己？（反向编码，1=完全不可以，7=完全可以）"，③"此时此刻，你认为自己在多大程度上是按照外部的指令行事？（1=完全没有，

7=非常强烈)",④"此时此刻,你在多大程度上想要找回真正的自己?(1=完全没有,7=非常强烈,Cronbach's α=0.63)"。情绪测量量表借鉴Su等(2021)的研究,即被试需要回答他们在完成社会身份任务时在多大程度上体会以下各种情绪(即担心的、焦虑的、高兴的、悲伤的、兴奋的、紧张的,1=完全没有,7=非常强烈,这六个测项的均值形成消极情绪因子,其中高兴的、兴奋的测项为反向编码,Cronbach's α=0.84)。

以社会身份冲突感知为因变量的方差分析结果显示,冲突启动组的被试比控制组的被试感受到更加强烈的身份冲突感($M_{冲突组}$=4.91,$SD_{冲突组}$=1.24;$M_{控制组}$=3.00,$SD_{控制组}$=1.64;$F(1, 193)$=84.49,$p<0.001$),从而证明了实验操纵的有效性。

为了验证主效应,我们首先对偏好得分进行重新编码,使得分越高表明被试更偏好怀旧产品。偏好得分为因变量的方差分析结果显示,社会身份冲突提高了被试对怀旧产品的相对偏好($M_{冲突组}$=3.53,$SD_{冲突组}$=2.27;$M_{控制组}$=2.91,$SD_{控制组}$=2.00;$F(1, 193)$=4.07,p=0.045)。

为了验证中介,我们首先以自我真实性威胁感为因变量进行方差分析。结果显示,相比于控制组,冲突启动组的被试感受到更强烈的自我真实性威胁($M_{冲突组}$=4.24,$SD_{冲突组}$=0.86;$M_{控制组}$=3.72,$SD_{控制组}$=0.97;$F(1, 193)$=16.15,$p<0.001$)。接下来,我们使用bootstrapping方法对自我真实性威胁的中介效应进行检验(Hayes,2013)。以社会身份冲突(0=控制组,1=冲突组)为自变量,自我真实性威胁为中介,怀旧产品偏好为因变量的模型(图7-2)检验结果表明,社会身份冲突显著提升被试的自我真实性威胁感知(B=0.53,SE=0.13,$t(193)$=4.02,$p<0.001$)。在控制了社会身份冲突对怀旧产品偏好的直接效应后(p=0.156),自我真实性威胁正向影响被试对怀旧产品的偏好(B=0.32,SE=0.17,$t(192)$=1.89,p=0.060)。同时,自我真实性威胁的中介效应显著,其95%的置信区间不包含0(index=0.17,95%CI=0.003 1~0.439 8)。这些结果验证了H7-2。

图 7-2 自我真实性威胁的中介效应

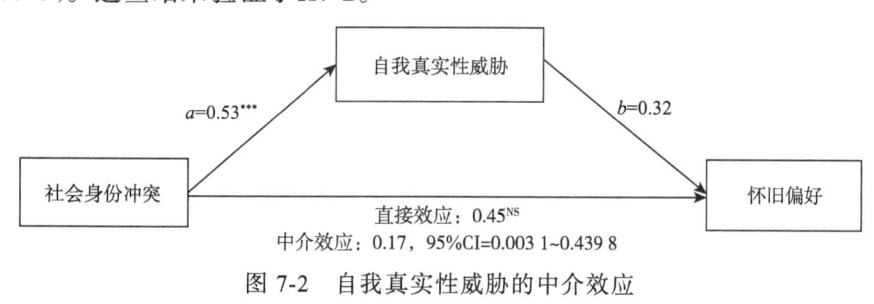

***表示 $p<0.001$,NS 表示 $p>0.05$

为了排除负向情绪的替代解释机制，我们进一步以负向情绪替代自我真实性威胁进行中介效应检验。结果表明，负向情绪（index=-0.08，95%CI=-0.360 1~0.215 6）在社会身份冲突与怀旧产品偏好之间的中介效应不显著，从而排除了负向情绪的竞争解释机制。

研究3再次验证了社会身份冲突对怀旧偏好的促进作用，并证实该效应背后的作用机理是社会身份冲突威胁了消费者的自我真实性感知，而自我真实性威胁提升了消费者对怀旧产品的偏好。同时，在实验中我们排除了负向情绪的竞争解释机制，为怀旧消费对社会身份冲突的补偿路径提供了充足的证据。

研究4 怀旧倾向的调节作用

研究4有两个主要目的：第一，检验个体的怀旧倾向性对主效应的调节作用。第二，采用不同的实验刺激物，将怀旧产品从非食品领域（数码相机）拓展到食品领域（挂面），增加研究的外部效度。本实验采用单因素组间实验设计。我们在北方某高校共招募303名学生作为被试。其中女性占比79.9%，平均年龄21.14岁。被试被随机分配到社会身份冲突启动组或控制组。

研究4与研究1的实验流程基本相同。与研究1不同的是，在"产品选择任务"中，我们要求被试想象自己正打算购买一些挂面，并向他们展示了两款挂面的广告海报。他们需要表明自己对这两款挂面的相对偏好。其中，怀旧广告的广告词是"依旧是小时候的味道"，并在广告上部配有一幅妈妈正在喂孩子吃面的图片；控制组广告的广告词是"营养健康好味道"，广告上部则是一幅生面条与鸡蛋的图片。之后，被试需要完成个体怀旧倾向性的测量及对所看广告的怀旧程度进行评价。

其中，个体怀旧倾向性的量表借鉴Zhou等（2013）的研究，包括六个测项：①"我怀念与家人在一起的旧时光"，②"我难以忘怀童年时代的美食"，③"我经常回忆起过去的事情"，④"过去听过的歌曲可以唤起我的许多回忆"，⑤"熟悉的老物件可以让我回想起儿时记忆"，⑥"我经常想念我过去的好朋友（1=非常不同意，7=非常同意，Cronbach's α=0.84）"。

在进行操纵检验的过程中，以社会身份冲突感为因变量的单因素方差分析结果显示，冲突启动组的被试比控制组的被试感受到更强的身份冲突感（$M_{冲突组}$=4.28，$SD_{冲突组}$=1.40；$M_{控制组}$=2.22，$SD_{控制组}$=1.25；$F(1, 301)$=182.34，$p<0.001$）。以广告类型为组内因子、社会身份冲突为组间因子，以广告怀旧

程度评价为因变量的重复测量方差分析结果显示，广告类型对广告怀旧程度评价的主效应显著：怀旧广告比非怀旧广告激发出更加强烈的怀旧情绪（$M_{怀旧广告}$=3.86，$SD_{怀旧广告}$=0.10；$M_{控制广告}$=2.15，$SD_{控制广告}$=0.07；$F(1, 301)$=193.02，$p<0.001$），社会身份冲突的主效应及其与广告类型之间的交互作用均不显著（$ps>0.10$）。这些结果表明我们对社会身份冲突及怀旧广告的操纵成功。

以怀旧产品相对偏好为因变量的主效应方差分析结果显示，相比于控制组，社会身份冲突组的被试对怀旧产品有更高的相对偏好（$M_{冲突组}$=4.31，$SD_{冲突组}$=1.72；$M_{控制组}$=3.84，$SD_{控制组}$=1.68；$F(1, 301)$=5.79，$p=0.017$）。

我们采用Spotlight方法检验个体怀旧倾向性的调节效应，并用Johnson-Neyman法检验主效应在不同怀旧倾向水平上的显著性（图7-3）。结果表明，社会身份冲突与个体怀旧倾向性对怀旧产品偏好有显著的交互作用（$B=0.48$，$SE=0.16$，$t(299)=2.93$，$p=0.004$）。当个体的怀旧倾向较低（低于5.32，占全样本的39.6%）时，社会身份冲突对怀旧偏好没有显著影响（$p>0.05$）；当个体的怀旧倾向较高（高于5.32，占全样本的60.4%）时，社会身份冲突显著提升怀旧偏好（$p<0.05$）。从而验证了H7-3。

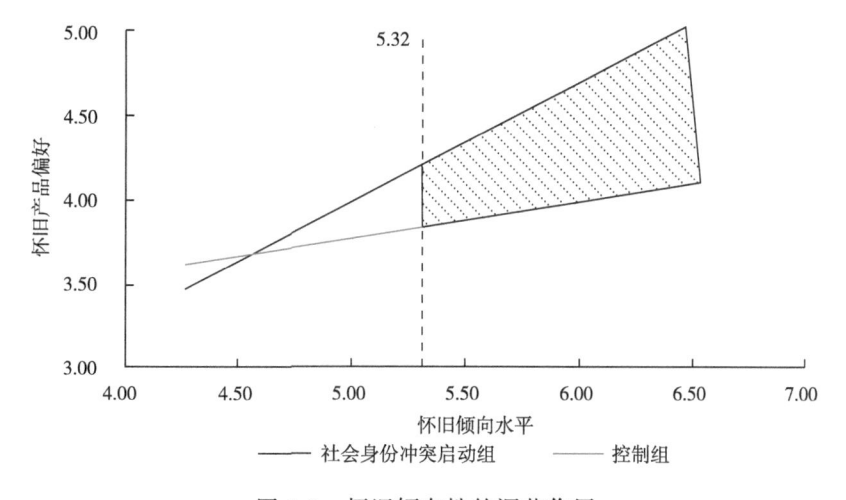

图 7-3 怀旧倾向性的调节作用

点横线为 Johnson-Neyman 点，具体为 5.32

研究4采用线下实验法再次验证了社会身份冲突对怀旧偏好的影响，并在此基础上证实了个体怀旧倾向性的调节效应，即只有对具有较高怀旧倾向性的消费者而言，社会身份冲突才能提升其对怀旧产品的偏好。

研究5 辩证思维水平的调节作用

研究5有两个主要目的：第一，检验个体的辩证思维水平对主效应的调节作用。第二，我们变换社会身份冲突的操纵方式以提高研究结果的外部效度。新的操纵方式聚焦女性的职场身份与家庭身份之间的冲突。我们预测，对辩证思维水平较低的女性消费者而言，这一特定类型的社会身份冲突会增强他们对怀旧产品的偏好。但是这一效应对辩证思维水平较高的女性消费者而言相对更弱。

研究同样采用单因素组间实验设计。我们在国内专业数据调研平台（见数）上招募女性被试183名。被试的平均年龄为31.6岁。被试被随机分配到社会身份冲突启动组或控制组。

实验由两个任务构成。在第一个任务"生活体验调查"中，被试按照要求阅读一则关于"当代女性的多重身份"的新闻报道。在社会身份冲突启动组，新闻内容重点描述了当代职业女性面临的职场人士身份与家庭成员身份之间的冲突及其危害性。在阅读新闻后，被试需要思考并写下职场人士身份与家庭成员身份在日常生活中矛盾冲突的主要表现。在控制组，新闻介绍了当代职业女性的多重身份及其较好的适应性。在阅读新闻后，被试需要思考并写下职场人士身份与家庭成员身份在日常生活中各自的表现形式。在第二个产品评价任务中，我们要求被试想象自己正打算购买一些面包，并向他们展示了两则面包广告。其中，怀旧广告的广告词是"重温儿时美味，依旧是熟悉的味道"，非怀旧广告的广告词是"浓醇蛋奶香，缓缓蔓延唇齿"。前测结果（$n=60$）表明，怀旧组的广告相比于控制组的广告更容易激发人们的怀旧情绪（$M_{怀旧广告}=5.19$，$SD_{怀旧广告}=1.27$；$M_{控制广告}=3.87$，$SD_{控制广告}=1.43$；$F(1, 59)=38.62$，$p<0.001$）。被试在观看两则广告之后评价自己对这两款面包的相对偏好。之后，被试完成一个包含16个测项的辩证思维水平量表（Cronbach's $\alpha=0.85$）（Spencer-Rodgers，2001），并在完成人口统计信息测量后结束实验。

我们首先对社会身份冲突进行操纵检验。单因素方差分析结果显示，身份冲突启动组的被试比控制组的被试有更强的身份冲突感（$M_{冲突组}=5.28$，$SD_{冲突组}=0.64$；$M_{控制组}=3.96$，$SD_{控制组}=1.34$；$F(1, 181)=73.67$，$p<0.001$）。这表明我们对社会身份冲突的操纵是有效的。

为了验证假设，我们以怀旧产品相对偏好为因变量进行方差分析。结果显示，相比于控制组，身份冲突组的被试对怀旧产品有更高的偏好（$M_{冲突组}=$

4.43，SD_{冲突组}=2.21；M_{控制组}=3.76，SD_{控制组}=2.16；$F(1, 181)=4.18$, $p=0.042$）。接下来，我们采用Spotlight方法检验辩证思维水平的调节效应，并用Johnson-Neyman法检验主效应在不同辩证思维水平上的显著性（图7-4）。结果表明，社会身份冲突与辩证思维水平对怀旧产品偏好有显著的交互作用（$B=-0.87$, SE=0.42, $t(179)=-2.08$, $p=0.039$）。当个体的辩证思维水平较高（高于3.88，占全样本的60.1%）时，社会身份冲突对怀旧偏好没有显著影响（$p>0.05$）；当个体的辩证思维水平较低（低于3.88，占全样本的39.9%）时，社会身份冲突显著提升怀旧偏好（$p<0.05$）。从而验证了H7-4。

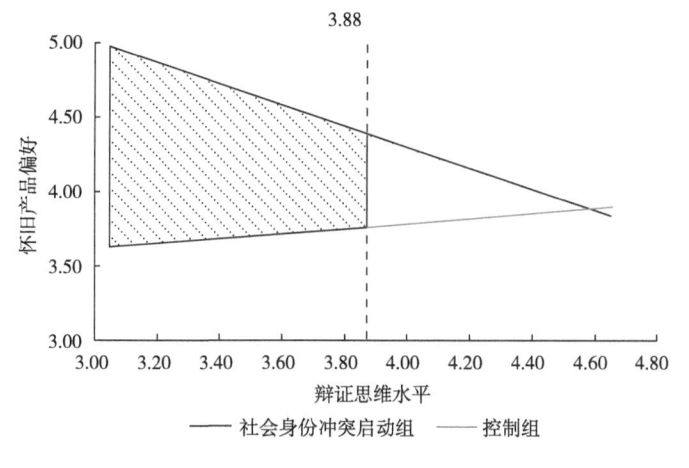

图 7-4　辩证思维水平的调节作用

点横线为 Johnson-Neyman 点，具体为 3.88

研究5通过变换社会身份冲突的操纵方式，即聚焦于女性职业身份与家庭身份这一特定类型的身份冲突，再次验证了社会身份冲突对怀旧偏好的积极影响。这说明我们的研究结论同时适用于整体和特定类型的社会身份冲突。更重要的是，我们证实了个体的辩证思维水平对主效应的调节作用。结果表明，随着消费者辩证思维水平的提高，他们对不同社会身份之间的矛盾和不一致性有更高的容忍度，从而降低了怀旧产品的吸引力。

第四节　精准定位怀旧营销的目标顾客

通过五个实验，我们验证了社会身份冲突对消费者怀旧偏好的积极影响，并证实了自我真实性威胁的中介作用及个体怀旧倾向性与辩证思维方式的调节作用。这一发现是对有关怀旧营销研究的重要补充。科学研究发现，心理威胁是消费者产生怀旧倾向的重要诱因。这些心理威胁包括：孤独感（Zhou et al., 2008）、无聊（van Tilburg et al., 2013）等情绪因素；死亡凸显（Routledge et al., 2008）、社会排斥（Loveland et al., 2010）、不安全感（Zhou et al., 2013）、回避动机（Stephan et al., 2014）、压力（毕圣等，2016）、低权力感（陈欢等，2016）、时间有限感（Hepper et al., 2021）、幻灭（Maher et al., 2021）等情境因素；社会系统被破坏（Han and Newman, 2022）、社会疾病流行（Xia et al., 2021）等社会因素。这些诱发因素背后的心理补偿机制与怀旧所具有的提升积极情绪、提高自尊心、提供生命意义、增强社会联结及自我连续性等心理功能有关（Wildschut et al., 2006; Routledge et al., 2008; Baldwin and Landau, 2014）。我们从身份威胁的角度出发，证实社会身份冲突是影响怀旧偏好的一个新的诱因，并根据怀旧能够提升自我连续性进而提升自我真实性这一心理功能解释其心理补偿机制。尽管有学者已经探讨了怀旧与自我真实性之间的关系（Sedikides et al., 2016; Lasaleta and Loveland, 2019），但是在营销领域探究其应用价值的研究十分有限。我们识别出社会身份冲突这一企业更易观察和控制的情境因素，拓展了关于自我真实性威胁来源的相关知识，同时也是对怀旧消费诱因的重要补充。

  对于企业而言，营销者可以根据理论研究精准选择目标市场。一方面，商家可以识别经历社会身份冲突的目标人群或容易发生社会身份冲突的情境。例如，职场妈妈可能因为无法同时照顾孩子和满足工作需要而产生身份冲突感，外来务工人员可能由于本地与家乡的不同行为规范而感到身份冲突，外企职员可能感受到本国身份与外企职员身份之间的冲突，加班族可能感受到职场身份与家庭身份之间的冲突，等等。商家可以通过识别这些有可能经历社会身份冲突的目标群体，向他们精准推送带有怀旧特征或文化混搭特征的产品（如在青少年培训班家长休息室增加怀旧产品广告或复古产品宣传；在外企电梯间宣传带有中国传统文化元素的国际大牌产品等）。例如，消费者在熬夜加班时容易感受到工作身份与家庭身份之间的冲突，此时可以向他们推送带有怀旧元素或者文化混搭元素的外卖。当影视剧中的人物面对身份冲突困境而引发观众共鸣时，商家可以适时弹出带有怀旧色彩或文化混搭特征的产品植入，以增加消费者的兴趣和购买意愿。正如我们发现怀旧产品补偿作用在怀旧倾向性较高、辩证思维水平较低的消费群体中更为显著，商家可以重点向可能经历身份冲突的怀旧敏感人群，如年长者、女性等

（Madoglou et al.，2017），或者具有更低辩证思维水平的消费者推介怀旧产品。通过激活身份冲突来提升文化混搭产品销量的策略在功能性购买和送礼场景下并不适用。因此，企业需要根据所售产品的类型（功能价值主导或象征价值主导）和主要消费场景（送礼或者自用）灵活制定营销策略。

在广告策略上，商家可以在怀旧产品或文化混搭产品宣传中增加有关社会身份冲突的广告情境设计，以此来促进消费者的产品态度与购买意愿。老字号品牌可以考虑在广告营销中融入社会身份冲突场景，巧妙地运用自身优势帮助身份冲突消费者应对自我真实性威胁。例如，营销者可以在广告中设计一位新手妈妈需要兼顾家庭与工作的两难场景，激发有类似经历的消费者的共鸣，并适时推出带有怀旧元素的产品（如"南方黑芝麻糊——让你在重温童年中找到真实自己"），以此来慰藉处于冲突与矛盾中的消费者。

另外，政府部门可以在公共宣传中加入怀旧元素，以帮助外来人员应对可能存在的社会身份冲突，提升宣传效果。外来人员由于生活习惯、城市环境的不同极有可能感受到身份冲突，损害心理健康。关注城市流动人口的心理健康是促进安定团结的重要举措。为此，相关部门（如社区或街道）可以在帮扶宣传中增加怀旧元素设计，还可以有针对性地为外来人员组织一些带有怀旧元素的活动（如经典歌曲联欢会、童年美食分享会等），提升他们的自我真实性感知，从而减少社会身份冲突带来的负面影响。

参 考 文 献

毕圣，庞隽，吕一林. 2016. 压力对怀旧偏好的影响机制[J]. 营销科学学报，12（1）：38-50.

陈欢，毕圣，庞隽. 2016. 权力感知对怀旧偏好的影响机制[J]. 心理学报，48（12）：1589-1599.

Baldwin M, Biernat M, Landau M J. 2015. Remembering the real me: nostalgia offers a window to the intrinsic self[J]. Journal of Personality and Social Psychology, 108（1）: 128-147.

Baldwin M, Landau M J. 2014. Exploring nostalgia's influence on psychological growth[J]. Self and Identity, 13（2）: 162-177.

Burke S E, Dovidio J F, LaFrance M, et al. 2017. Beyond generalized sexual prejudice: need for closure predicts negative attitudes toward bisexual people relative to gay/lesbian people[J]. Journal of Experimental Social Psychology, 71: 145-150.

Campbell J D, Trapnell P D, Heine S J, et al. 1996. Self-concept clarity: measurement, personality correlates, and cultural boundaries[J]. Journal of Personality and Social Psychology, 70 (1): 141-156.

Chark R. 2021. Midnight in Paris: on heritage and nostalgia[J]. Annals of Tourism Research, 90: 103266.

Cheung W-Y, Sedikides C, Wildschut T. 2017. Nostalgia proneness and reduced prejudice[J]. Personality and Individual Differences, 109: 89-97.

DeMotta Y, Chao M, Kramer T. 2016. The effect of dialectical thinking on the integration of contradictory information[J]. Journal of Consumer Psychology, 26 (1): 40-52.

Etkin J, Memmi S A, Price L L, et al. 2021. Goal conflict encourages work and discourages leisure[J]. Journal of Consumer Research, 47 (5): 716-736.

Goor D, Ordabayeva N, Keinan A, et al. 2020. The impostor syndrome from luxury consumption[J]. Journal of Consumer Research, 46 (6): 1031-1051.

Han M, Newman G E. 2022. Seeking stability: consumer motivations for communal nostalgia[J]. Journal of Consumer Psychology, 32 (1): 77-86.

Hayes A F. 2013. Introduction to Mediation, Moderation, and Conditional Process Analysis: a Regression-based Approach[M]. New York: Guilford Publications.

Hepper E G, Wildschut T, Sedikides C, et al. 2021. Time capsule: nostalgia shields psychological wellbeing from limited time horizons[J]. Emotion, 21 (3): 644-664.

Hong E K, Sedikides C, Wildschut T. 2021. Nostalgia strengthens global self-continuity through holistic thinking[J]. Cognition and Emotion, 35 (4): 730-737.

Knowles M L, Gardner W L. 2008. Benefits of membership: the activation and amplification of group identities in response to social rejection[J]. Personality and Social Psychology Bulletin, 34 (9): 1200-1213.

Lasaleta J D, Loveland K E. 2019. What's new is old again: nostalgia and retro-styling in response to authenticity threats[J]. Journal of the Association for Consumer Research, 4 (2): 172-184.

Loveland K E, Smeesters D, Mandel N. 2010. Still preoccupied with 1995: the need to belong and preference for nostalgic products[J]. Journal of Consumer Research, 37 (3): 393-408.

Madoglou A, Gkinopoulos T, Xanthopoulos P, et al. 2017. Representations of autobiographical nostalgic memories: generational effect, gender, nostalgia proneness and communication of nostalgic experiences[J]. Journal of Integrated Social Sciences, 7 (1): 60-88.

Maher P J, Igou E R, van Tilburg W A P. 2021. Nostalgia relieves the disillusioned mind[J]. Journal of Experimental Social Psychology, 92: 104061.

Mandel N, Rucker D D, Levav J, et al. 2017. The compensatory consumer behavior model: how self-discrepancies drive consumer behavior[J]. Journal of Consumer Psychology, 27(1): 133-146.

Merchant A, Rose G M. 2013. Effects of advertising-evoked vicarious nostalgia on brand heritage[J]. Journal of Business Research, 66(12): 2619-2625.

Moulard J G, Raggio R D, Folse J A G. 2021. Disentangling the meanings of brand authenticity: the entity-referent correspondence framework of authenticity[J]. Journal of the Academy of Marketing Science, 49(1): 96-118.

Orth U R, Rose G M. 2017. Consumers' brand identity complexity: conceptualization and predictive ability[J]. European Journal of Marketing, 51(2): 304-323.

Pang J, Keh H T, Li X, et al. 2017. "Every coin has two sides": the effects of dialectical thinking and attitudinal ambivalence on psychological discomfort and consumer choice[J]. Journal of Consumer Psychology, 27(2): 218-230.

Peng K, Nisbett R E. 1999. Culture, dialectics, and reasoning about contradiction[J]. American Psychologist, 54(9): 741-754.

Rabinovich A, Morton T A. 2016. Coping with identity conflict: perceptions of self as flexible versus fixed moderate the effect of identity conflict on well-being[J]. Self and Identity, 15(2): 224-244.

Roccas S, Brewer M B. 2002. Social identity complexity[J]. Personality and Social Psychology Review, 6(2): 88-106.

Routledge C, Arndt J, Sedikides C, et al. 2008. A blast from the past: the terror management function of nostalgia[J]. Journal of Experimental Social Psychology, 44(1): 132-140.

Sedikides C, Wildschut T, Cheung W-Y, et al. 2016. Nostalgia fosters self-continuity: uncovering the mechanism (social connectedness) and consequence (eudaimonic well-being)[J]. Emotion, 16(4): 524-539.

Seehusen J, Cordaro F, Wildschut T, et al. 2013. Individual differences in nostalgia proneness: the integrating role of the need to belong[J]. Personality and Individual Differences, 55(8): 904-908.

Spencer-Rodgers J. 2001. Consensual and individual stereotypic beliefs about international students among American host nationals[J]. International Journal of Intercultural Relations, 25(6): 639-657.

Spencer-Rodgers J, Boucher H C, Mori S C, et al. 2009. The dialectical self-concept: contradiction, change, and holism in East Asian cultures[J]. Personality and Social Psychology Bulletin, 35（1）: 29-44.

Stephan E, Wildschut T, Sedikides C, et al. 2014. The mnemonic mover: nostalgia regulates avoidance and approach motivation[J]. Emotion, 14（3）: 545-561.

Su L, Monga A B, Jiang Y. 2021. How life-role transitions shape consumer responses to brand extensions[J]. Journal of Marketing Research, 58（3）: 579-594.

Tajfel H. 1978. Differentiation between Social Groups: Studies in the Social Psychology of Intergroup Relations[M]. Pittsburgh: Academic Press.

Touré-Tillery R, Wang L, Wells Keller C. 2019. The effect of self-multiplicity on compliance with health recommendations[C]. ACR North American Advances.

van Tilburg W A P, Igou E R, Sedikides C. 2013. In search of meaningfulness: nostalgia as an antidote to boredom[J]. Emotion, 13（3）: 450-461.

White K, Argo J J, Sengupta J. 2012. Dissociative versus associative responses to social identity threat: the role of consumer self-construal[J]. Journal of Consumer Research, 39（4）: 704-719.

Wildschut T, Sedikides C, Arndt J, et al. 2006. Nostalgia: content, triggers, functions[J]. Journal of Personality and Social Psychology, 91（5）: 975-993.

Williams P, Aaker J L. 2002. Can mixed emotions peacefully coexist?[J]. Journal of Consumer Research, 28（4）: 636-649.

Wood A M, Linley P A, Maltby J, et al. 2008. The authentic personality: a theoretical and empirical conceptualization and the development of the authenticity scale[J]. Journal of Counseling Psychology, 55（3）: 385-399.

Wu P-H, Lin C-P. 2016. Learning to foresee the effects of social identity complexity and need for social approval on technology brand loyalty[J]. Technological Forecasting and Social Change, 111: 188-197.

Xia L, Wang J, Santana S. 2021. Nostalgia: triggers and its role on new product purchase intentions[J]. Journal of Business Research, 135: 183-194.

Yu Y, Zhang Y. 2020. The effect of social identity conflict on consumers' planning time horizons[C]. ACR North American Advances.

Zhou L, Wang T, Zhang Q, et al. 2013. Consumer insecurity and preference for nostalgic products: evidence from China[J]. Journal of Business Research, 66（12）: 2406-2411.

Zhou X, Sedikides C, Wildschut T, et al. 2008. Counteracting loneliness: on the restorative function of nostalgia[J]. Psychological Science, 19 (10): 1023-1029.

Ziller R C, Martell R T, Morrison R H. 1977. Social insulation, self-complexity, and social attraction: a theory chain[J]. Journal of Research in Personality, 11 (4): 398-415.

附　　录

附录 A　压力量表（第三章研究 1）

1. 我很需要减少我的部分工作。
2. 在工作中，我感觉负担过多。
3. 在工作中，我承担了太多的职责。
4. 我的工作负担太重。
5. 我承担的工作量太大以至于我不能保证工作的质量。
6. 因为工作的原因，我处于紧张的状态。
7. 我的工作没有让我产生紧绷成一根弦的感觉。[*]
8. 工作中的各种问题使我感到沮丧。
9. 我从未感受过来自工作的任何压力。[*]

注：带有*的测量题目为反向量表。1~5题测项来自李超平和张翼（2009）的角色压力源量表中的角色超载子量表；6~9题测项来自Keller（1984）的工作压力量表。

附录 B

现代样式产品	复古样式产品

后　　记

　　尽管怀旧的研究起源于心理学，但是近些年来越来越多的营销学者从企业和消费者的视角出发探索怀旧在营销实践中的作用和意义。我从2014年开始对怀旧营销进行系统研究，从2016年在《营销科学学报》发表第一篇关于怀旧营销的论文至今已有近10年的研究积累。本书覆盖了国内外关于怀旧及怀旧营销的主要研究成果，并集结了我在最近5年内相关研究工作的最新成果。这些研究成果大多尚未公开发表，目前在国内外的学术期刊上处于评审或者修改的阶段。我希望通过本书的出版，可以给国内读者带来最前沿的研究成果。在此基础上，我对近几年国内市场上出现的热点怀旧营销现象进行了梳理，理论联系实际，从消费者的视角探究其背后的科学规律。

　　很喜欢龙斌在《龙叔说电影》中的一句话："当我们满足了基本的温饱需求与原始的性需求之后，我们也需要一些情怀。"怀旧，就是一种情怀。这是一个需要怀旧的时代。当你发现一起度过青葱岁月的朋友脸上开始出现岁月的痕迹，发现自己的人生充满各种不确定性和不可控性，发现人工智能开始写诗画画并代替人们工作，怀旧也许就在不经意间出现。怀旧可以更好地帮助人们应对岁月的流逝，坚定生活的信仰，适应社会的变迁。但是，怀旧不应该被随意贩卖。虽然怀旧营销可以用来吸引眼球，刺激购买，但不应该成为一种营销噱头。没有产品质量做保证、消费者利益为指引的怀旧营销只会透支人们的情怀。在消费者对这一切产生疲倦之前，或许我们需要重新审视如何更好地使用怀旧营销，在为企业赢得市场竞争的同时也能为消费者的身心健康带来福利。希望本书能为此做一点贡献。

　　最后，我要感谢陈雯捷同学对此书的卓越贡献。正是因为她积极、严谨、高效的工作态度，本书才得以及时顺利的出版。感谢孙文惠同学认真仔细的翻译工作，感谢我的合作者在研究中付出的辛勤努力！